なぜマーケターは
「成果の出ない施策」を
繰り返すのか?

デジタル
マーケティング

Theory-Driven Digital Marketing
Yui Kakiuchi

の定石

株式会社WACUL 取締役
垣内勇威

日本実業出版社

デジタルマーケティングには「定石」がある──はじめに

はじめまして、著者の垣内勇威と申します。

本書を手に取ってくださった方は、デジタルを活用して「売上を増やしたい」「ビジネスモデルを変革したい」「目まぐるしい変化に適応したい」などの期待をお持ちでしょう。

本書は、経営者・事業責任者・マーケター・デジタル担当者に向けて、時代の変化にのみこまれず、マーケティングでデジタルを使いこなすためのシンプルな手法を解説します。細かいテクニックやツールに惑わされず、デジタル活用の全体像がつかめるようになるでしょう。

デジタルで成果を出すための施策は
パターン化できる

まずお伝えしたいのは、**企業がデジタルをマーケティングに活用するなら、必ず知っておかなければならない「定石」が存在する**ということです。

ここでいうデジタルとは、インターネットを用いて顧客と接触可能な媒体を指します。Webサイト、アプリ、ネット広告、SNS、メール、などすべてが対象になります。

また本書で解説する**「定石」とは、従来の顧客接点をデジタルに置換することで、大幅なコスト削減を実現する施策パターン**です。デジタルに「できること」と「できないこと」を明確に線引きしたうえで、顧客の購買ステップ別にデジタルの活用方法を明らかにします。

私が「定石」に気づくにいたった出発点は、コンサルティングを続ける中で「いつも同じ提案をしているな……」と飽き飽きしてきたことがきっかけでした。

私は2005年から今日にいたるまで、デジタルを用いて売上増加やコスト削減を実現するコンサルティング活動を続けています。しかし、この領域のコンサルティングは、ひどく単調で変化の少ない「淀んだ水たまり」のような仕事だと言わざるをえません。

　なぜなら、2005年当時と2020年現在とで、市場環境や技術水準が大きく変化しているにもかかわらず、クライアントに提案している内容が本質的には何1つ変わらないためです。内心「また同じ提案か」と思いつつ、まったく同じ提案をすると、クライアントは決まって「目からウロコです」と感嘆してくれます。さらに、その施策の実現によって売上も伸びてしまうのです。

　私がコンサルティングを始めた2005年といえば、Facebook、Twitter、YouTube、Wikipediaなどが次々に登場した時代です。検索エンジンでは、Yahoo!がそれまで使っていた人力のディレクトリ型検索エンジンを諦め、現在主流のロボット型検索エンジンに切り替えた年でもあります。「Web2.0」という言葉が流行したのもこの時期です。

　もちろん実務レベルでは様々な変化がありました。検索エンジンで上位に表示するための方法、SNSでフォロワーを増やす方法、ネット広告の費用対効果を高める方法、格好良いとされるWebデザインの方法など、絶えず変化してきました。

　しかし私が「定石」と呼ぶ、売上やコストにインパクトを及ぼすビジネスにおけるデジタルの活用目的は、この15年間何1つ変わっていないのです。このように「定石」が存在するにもかかわらず、企業は知見をゼロクリアし続けており、我々のようなコンサルタントに頼る羽目になっています。

　現在、私は自分のこの「停滞した仕事」に終止符を打つために活動しています。

　一見属人的に見えるこのコンサルティングという業務は、実は再現性のあるパターンを蓄積し、何度も繰り返し提供して稼ぐビジネスにほかなりません。私は最初に過去100社以上コンサルティングした経験から、成果

の出た施策をパターン化していきました。

　予想通り明らかになったのは、**本当に成果の出る施策は、企業規模や業種による差がほとんどない**ということです。

　コンサルティングをしていると、クライアントから「うちの会社は特殊だから、ほかの会社の知見は参考になりません」と言われることは日常茶飯事ですが、この言葉は視野狭窄だと言わざるをえません。もちろん具体的な**実務作業レベルでの違いはあるでしょうが、成果を出すための方針はパターン化できる**ものであり、これこそが本書でお伝えする「定石」です。

「3万3000サイト以上の分析」を元に定石を開発

　コンサルティング経験をパターン化しただけでは、まだ「定石」と呼べるほどの根拠はありません。そこで次は根拠となるデータ収集に奔走しました。

　2015年にはデータ分析の知見を広く提供するため、「AIアナリスト」というプロダクトを作りました。このプロダクトは、ユーザがWebサイトの閲覧履歴データを登録すれば、それを自動で分析し、デジタルマーケティングの打ち手を教えてくれるソフトウェアです。私が培ったコンサルティングの知見をソフトウェアで提供する代わりに、Webサイトの閲覧履歴データをいただくというビジネスモデルです。

　2020年現在、3万3000以上のWebサイト閲覧履歴データを保有しています。この3万3000サイトの中には、広告宣伝費上位100社の50%を含み、主要な業界はすべて網羅できています。

　言い換えると、私は**日本にある主要なWebサイトの閲覧履歴データをほとんど把握できます。この「資産」を元に、デジタルマーケティングの定石を開発している**のです。開発した定石は、弊社の主要プロダクトである「AIアナリスト」にフィードバックし、成果創出の確率を高めています。

　本書で解説する定石の根拠となるのも、この国内3万3000以上のWebサイト閲覧履歴データを分析した結果です。

「ユーザ行動観察調査」で
「成果の出る理由」が明らかに

　もう1つ「定石」の根拠になるのは、「データ」の意味を解釈するために行なってきた定性的な「ユーザ理解」です。

　「データ」を見れば成果の出る施策はわかりますが、なぜその施策の成果が出るのかまではわかりません。「なぜ」がわからなければ、再現性を高めることも、さらに大きな成果を出すこともできません。「なぜ」を理解するためには、生のユーザと対峙し、データの裏側にあるユーザ行動を明らかにする必要があります。

　私はそのために「ユーザ行動観察調査」と呼ばれる調査を累計500名以上実施しています。この調査は、ターゲットユーザの横に座って、Webサイトなどを普段通り使っているところを観察する手法です。

　本書の主テーマの1つにもなりますが、デジタルは「顧客主導」であり、デジタルで成功するには生の「ユーザ行動観察」が欠かせません。

　本書の**「定石」に則って、デジタル活用を推進すれば、100点満点中80点までは誰でも到達可能**です。成果の出るデジタル活用手法の多くは再現性が高く、それだけやっていても十分大きな成果（80点）を期待できます。

　一方で100点満点を目指すとなると、最新トレンドの追求や、才能に依存するアイディア出しなど、再現性の低い手法にも取り組まなければなりません。世の中のマーケターは、80点に達していないにもかかわらず、始めから100点を取ろうとして高度なことにチャレンジしすぎています。

　まずは歴史が証明した再現性の高い「定石」から着手すべきでしょう。

　Introductionからその「定石」を一緒に見ていきましょう。

2020年8月　垣内勇威

デジタルマーケティングには「定石」がある──はじめに

デジタルの特性を理解する

Chapter 3

なぜ、デジタルは無駄な仕事が増えやすいのか？

第2章 デジタルの定石を理解する

Chapter 7

「継続購入フェーズ」の定石

「人的労働力」を「デジタル」に置換する

どのビジネスでも「定期課金」を狙うべき

LTV＝購入者数×購入単価×購入期間
「買う」行動を極力減らしてLTVを最大化する
「都度課金」を「定期的都度課金」に置き換える
「定期的に買う商品」＋「ついで買い」を誘発する
購入後も情報発信し続ける

全業種でユーザの生活時間を奪い合う

ユーザの「生活時間」に入り込めないと解約・離反されてしまう
顧客との接触頻度を上げるほうが購入期間は伸びる

「コンテンツ」と「ルーティン」で生活時間に入り込む

磨き抜かれたコンテンツを量産する
シンプルなルーティン導線の設計
利用開始直後に「正しい使い方」を伝える
継続購入とは究極的には「愛」の世界

CHECK ✓

3 定石を使って実践する

ブックデザイン　三森健太（JUNGLE）
DTP　一企画

Introduction

デジタルマーケティング
には
「定石」がある

「定石」とはどのようなものか?

デジタルに「できること」「できないこと」を理解する

「定石」とは、従来の顧客接点をデジタルに置換することで、大幅なコスト削減を実現する施策パターンです。

デジタルを活用したいビジネスパーソンはたくさんいますが、ほとんどの人はデジタルに「できること」と「できないこと」の線引きを理解していません。たとえるなら、紙を切るハサミで、無理やり鉄線を切って刃がかけたり、石を切ろうとして挫折したりするようなものです。

人材紹介会社のページ、登録率が高いのはどっち?

「定石」とはどのようなものか、まずは図0-1をご覧ください。

どちらも人材紹介サイトで新規の求職者が訪れるページです。ご存じの通り、人材紹介サービスとは、転職したい求職者と、採用したい企業をマッチングさせ、企業側から成果報酬を受け取るビジネスです。このページから新規の求職者が登録し、企業側は電話や面談でその方にピッタリの求人情報を紹介します。

図0-1の2案(求人検索型と会員登録型)のうち、求職者の登録率が高く、売上を最大化するページはどちらでしょうか? まずはページをめくって正解を見る前に、少し考えてみてください。

まずA案は、求人情報をWebサイト上に多数掲載する「求人検索型」

図0-1 転職志望者の登録率が高いのはどっち？

のサイトです。人材紹介会社の担当に会わなくても、求職者自らどのような求人があるかを納得いくまで調べられます。複数の求人を見たうえで、興味を持った求職者がこの人材紹介会社に「登録」します。

　一方B案は、求人情報を掲載していません。どのような人材紹介会社かという特徴を、チラシのように1ページ完結で説明する「会員登録型」です。このページを見るだけでは、どのような求人があるかはわかりませんが、チラシに書かれた特徴が魅力的だと感じた求職者は、この人材紹介会社に「登録」します。

「会員登録型」のほうが倍以上の求職者に
登録してもらえる理由

　正解はB案の「会員登録型」です。B案のほうが、登録者数も売上も、2倍以上の差がつくことがわかっています。

　私は、大手から中小、専門特化型まで様々な人材紹介会社をコンサルティングしてきましたが、B案がA案に負けることは一度もありませんでした。A案は求職者のニーズを満たす素晴らしいWebサイトに思えますが、リアルなユーザ行動を知らない素人が作った「最悪」の形態です。

　なぜA案が「最悪」なのかを理解するには、まず転職を検討する求職者の心理を知る必要があります。

　転職の検討を開始した求職者の大半は「ネガティブ」な心理状態です。「上司に怒られた」「査定のタイミングで給料が上がらなかった」「行きたくない部署に異動になった」などネガティブな出来事が転職活動のきっかけになります。そのような心理状態で、どれほど多くの求人情報を見せられても、「今すぐ応募したい」という気持ちには到底なりえません。

　そんな状況でも、A案のように求人を検索できるWebサイトがあれば、自分にふさわしい「青い鳥」ならぬ「青い企業」があるのでは?と検索したくなる気持ちもわかります。

　時間をかけて色々な求人は見るものの、「社名」「職種」「年収目安」「PR」など表面的な情報だけでは、その企業の魅力はわかりません。自分に合うかどうかなど到底わかりません。

　そもそも転職サイトを初めて訪れた求職者は、転職先に求める条件が明確になっていないため、選ぶ基準もありません。万一、面白そうな仕事が見つかったとしても、今すぐ応募するのはハードルが高いと感じるでしょう。そのまま良い求人情報が見つからず、諦めてWebサイトから離脱していきます。翌日になれば、何事もなかったように、嫌いな上司の元で働く

日常へ戻っていくのです。

　このように初めてWebサイトに訪れた求職者に対して、自ら求人を見つけてもらうというコミュニケーションは、デジタルに「できないこと」なのです（Chapter1で詳述します）。

　一方のＢ案は、こうした求職者の心理状態を理解したうえで設計されています。求人情報は一切見せずに、次のようにチラシ１ページで説得します。「転職が少しでも頭によぎったなら、まずは転職のプロであるエージェントに会ってみてください。まだ転職すると決めていなくても大丈夫です。あなたの今の給料は低すぎるかもしれませんし、あなたのスキルを活かせるまったく別の職場も紹介できますよ。うちは○○業界に特化した転職エージェントですから、○○業界のキャリアが長いあなたの求める条件をしっかり理解していますし、業界No1の実績もあります。無料なのでまずは登録してみてください！」

　このくらい障壁の低いゴールが用意されていれば、上司に怒られただけで、転職までは具体的に考えていない求職者でも、軽い気持ちで「とりあえず登録」するでしょう。

　ここまで説明すると、人材紹介会社のWebサイトはすべて、良いほうのＢ案を採用するべきだし、当然そうしていると思うでしょう。

　しかし実際には、悪いほうのＡ案を採用している人材紹介会社が多いのです。2020年3月時点で、大手人材紹介会社のWebサイトを調査したところ、13社中8社（62％）は悪いほうのＡ案を採用していました。

　さらに残念なことに、現在悪いほうのＡ案を採用している8社のうちの数社は、過去に私がコンサルティングで入り、良いほうのＢ案に変更して成果を約2倍にまで伸ばした元々お客さんだった企業も含まれます。

　時間が経つと悪いほうのＡ案に逆行するという忌まわしき現象が起こるのです。私はこれをデジタルマーケティング業界の「車輪の再発明」と呼んでおり、私のようなコンサルタントが15年間も同じ知見を活用して生活できる理由なのです。

定石を無視した「車輪の再発明」が繰り返される理由

デジタルの特性を十分に理解していないから

「車輪の再発明」とは、確立された技術や解決法を知らずに、再び一から作ってしまうことを意味し、世界中で使われている慣用句です。様々な分野でこの問題は発生しています。

多くの企業・マーケター・コンサルタントが「成果の出ない施策」を繰り返してしまうのは、デジタルマーケティングの「定石」を知らないためです。

そのせいで、「成果の出ないことがわかっている施策」を再びゼロから作り直してしまう「車輪の再発明」が、いたるところで起こっています。これは、「経営資源の無駄づかい」以外の何物でもありません。

それでは、なぜデジタルマーケティングで、このような定石を無視した「車輪の再発明」が頻繁に起こってしまうのでしょうか?

一言で言うと、企業担当者が「デジタル特性を理解していないから」です。デジタルは万能ではありません。**特性を明確に理解するには、「得意なこと（強み）」と「苦手なこと（限界）」を知る必要があります。**

人材紹介の悪い例で紹介した「求人検索型」のサイトは、Web上に求人案件を多数掲載しておけば、ユーザが自ら選べるだろうと仮定されています。しかし、これはデジタルの限界を理解していません。

デジタルの限界①
「人間のようなおもてなしはできない」

　デジタルの限界の1つに、人間のようなおもてなしはできないことがあります。デジタル媒体は、ユーザがセルフサービスで使います。そのため、人間のように手厚い解説を加えたり、新たな気づきを与えたりできません（Chapter1で詳述します）。

　人材紹介会社に勤める人間の転職エージェントであれば、求職者の過去の職歴、スキル、希望年収、今の会社への不満などをヒアリングし、その求職者自身ですら気づいていない新たな可能性まで提案できます。さらに面談の時間が1時間確保されていれば、転職エージェントから冒頭でピンと来ない案件を1つ2つ紹介されたとしても、それで求職者が怒って立ち去ることは稀でしょう。

　しかし、デジタル媒体では、求職者自身が気づく範囲の職種でしか検索できないため、選択肢の幅が格段に狭くなります。さらに、数回の検索でドンピシャの案件が表示されなければ、わずか数秒で離脱してしまいます。面談してくれている担当者への気遣いもいりませんし、もう一度Googleで検索するだけで、別の求人サイトにたどり着けるのですから。デジタルに対して、人間的な「おもてなし」を期待してはならないのです。

デジタルの限界②
「ユーザが目の前にいない」

　2つめのデジタルの限界は、「ユーザが目の前にいない」という特性です。前述の通り、転職を検討し始めたユーザは「ネガティブ」な心理状態であることが多く、求人を見せられてもすぐには意思決定できません。

　人間の転職エージェントであれば、求職者の表情や発言からそのネガティブさを感じ、ヒアリングから始めるでしょう。

　しかしWebサイトの運営者は、日頃求職者の顔を見ることもなく、データとだけにらめっこしているわけですから、当然求職者の心理状態など知

る由もありません。Webサイトでいかに魅力的な求人を届けるかばかりに注力しますが、求職者からすれば求人を受け入れる土俵にすら上がっていないのです。

デジタルへの理解が不十分で
他部署に反論できないから

　こうしたデジタルの限界を理解していない状況で、企業内ではほかの様々な部署から圧力がかかります。

　コールセンターからは「『お客様からWeb上で求人内容を見たいという声が多数寄せられています』という報告があります。電話の工数削減のためにWeb上に求人の例を掲載して欲しい」と言われれば、いかにももっともらしい事実に基づいた提案に聞こえてしまいます。

　ただしユーザからのこの問い合わせは、転職の検討が前に進んだ求職者によるもので、すでに転職エージェントと面談している可能性もあります。つまり、サイトを初めて訪れる求職者と同じだとは限りません。まずは、どんな求職者なのか、正しい事実を確認することからスタートするべきです。

　さらに、人材紹介会社の中でサイトについて、最も圧力の強い意見をぶつけてくる組織は営業（エージェント）部門でしょう。人材紹介会社に限らず、ほぼすべての企業において、売上を作る営業部門の意見は強いでしょう。そうした意見の大半は、短期的な売上増加にコミットするあまり、様々な部署に圧力をかけ、全体最適視点と中長期視点が失われたものです。

　B案のような1枚ペラのチラシのようなサイトで登録数を増やしても、「転職する気のない人とばかり面談させられるのは嫌だ」と見込み客（リード）の「質」を理由に反論してくるのが目に浮かびます。

　こうした反論をしてくる営業担当者は、「A案のようなサイトでじっくり求人検索し、当社の強みや案件を理解したうえで面談に来て欲しい」などと語ります。しかし、この考え方は「妄想」であり、100％間違っています

（Chapter2で詳述します）。

　先ほどお伝えした通り、デジタルでは人間のような「おもてなし」が一切できません。そのため過剰に何かを伝えようとすると、ユーザはゴール（目的）を達成しづらく感じて逃げていきます。デジタル上では、見込み客の「質」を問わず、「量」を増やす方針がつねに正解です。

「質」はあとからいくらでも企業側で選別できます。例えば、登録フォーム内で「現在の職種・年収」「転職の意欲」「面談の希望」などを入力してもらえば、「質」を判断する材料になります。また1分でも良いので求職者に電話でヒアリングすれば、「質」を判断する情報がいくらでも取得できるはずです。いきなり営業担当者に求職者を引き渡さず、事前に「質」を精査する努力はいくらでもできます。

　このように「デジタル特性への無理解」と「他部署からの圧力」により、企業はデジタル活用の定石を無視し、「車輪の再発明」という間違った方向に邁進してしまうのです。

「車輪の再発明」を止める
デジタル人材はどこにいるのか?

「ジョブローテーション」が
専門性を奪ってしまう

「車輪の再発明」に歯止めをかけられる人はほとんどいません。デジタルをマーケティングに活用できる論理と実績を兼ね備えた専門家が社内に存在しないためです。そして今のままでは、デジタル活用の専門家が生まれることは未来永劫ありません。

デジタル活用の専門家が生まれない第一の原因は、**「専門性を奪うジョブローテーション」**です。

デジタルをビジネスに活用するには、デジタルへの深い理解と、P/L（損益計算書）に責任を持ったビジネス経験の両方が不可欠です。しかし、デジタル活用への意欲が低い企業では、P/Lに責任を持ち事業部を統括できるレベルの優秀な管理職を「花形」の営業部門に配属します。「裏方」のデジタル部門に、事業責任者クラスは来てくれません。

P/Lに責任を負えるレベルとまではいかなくとも、優秀な若者がデジタル部門に配属されることはあります。しかし、彼らが目覚ましい成果を出すと、短いスパンで「花形」の部署に異動になってしまうのです。ジョブローテーションを前提とした日本の「メンバーシップ型」雇用（先に人を採用してから仕事を割り振るタイプの雇用）を維持しつつ、デジタルの専門家を育てるには、経営者や事業責任者がデジタルの重要性を強く認識して人材配置するほかありません。

自社ビジネスを深く理解している人材が
流出してしまう

　第二の原因は、「**人材の流動化**」です。

　転職のハードルが下がったこと自体は歓迎すべきですが、自社ビジネスを深く理解している人材の流出が懸念されます。例えば、新卒で入社して10年以上在籍しているような人材は、その会社の文化を深く理解しています。営業から管理まで幅広い経験を積み、社内の力関係や暗黙のルールも熟知しているでしょう。こうした人材が流出してしまうのは企業にとって大きな損失です。

　デジタルにくわしいだけの人材なら世の中に一定数存在し、採用もそれほど難しくはありません。しかし、自社ビジネスを深く理解するまでには時間がかかります。さらに、社内の「花形」たる抵抗勢力を十分説得できるほどのレベルになる人材は稀です。

　経営者や事業責任者、人事関係者から、「デジタル活用のプロはどのように採用育成すべきか?」という質問をよく受けます。

　本来は、自社ビジネスを深く理解している人材に、デジタル特性を理解させ、デジタル活用の専門性を育むのが一番効率的です。

　しかし、ジョブローテーションや人材流動化(流出)によって、デジタル担当者はつねに「初心者」が担当し、まわりの意見に翻弄されて「車輪の再発明」を繰り返すのです。

デジタル初心者は「バズワードの流行」に
翻弄される

　他部署に翻弄される「デジタル初心者」の集団には、さらなる災難がふりかかります。それは高額商材を売り込もうとするベンダーによる「**バズワードの流行**」です。

　他部署に虐げられ続けるデジタル部門が、唯一勝負できそうだと感じて

飛びつくのが「新しさ」です。営業部門は確かに売上を担っているかもしれないが、「足繁く通うだけ」というカビの生えた古臭い営業手法を愚直にこなしているに過ぎず、真新しいデジタルの手法を取り入れるべきだと、自らの正当性を示して愚痴をこぼせるのです。

　こうしたデジタル部門担当者の心理を巧みにつくツール提供会社は、意図的に「バズワード」を流行させます。これまでにも数々のバズワードが生まれ、成功事例を1つも見ないままに消え去っていきました。例えば、「クリック・アンド・モルタル」「ビッグデータ」「ワン・トゥ・ワン・マーケティング」などはすでに聞かなくなりましたし、「オムニチャネル」「DMP」「マーケティングオートメーション」などは2020年時点で過去の輝きを失っています。面白いことに、一度衰退したバズワードは、表現だけ変えて何度でも復活します。

　誤解のないように補足すると、これらの概念やサービス自体は素晴らしいものも多く、デジタル活用の専門家であれば、十分効果を引き出せます。例えば「マーケティングオートメーション（MA）」というサービスは、大半の人が使いこなせないためバズワードとしては衰退しますが、専門家は日々の運用業務を効率化するために使い続けるでしょう。
　しかし、多くの企業は、「新しさ」にだけ注目し、これらのサービスを導入します。本来は、デジタル活用のあるべき姿や定石があり、それを効率良く実現するための「手段」として、これらのサービスが存在します。目的も理想もなく、導入されたサービスは、当然使いこなせないまま放置されます。意思決定者のメンツを立てて、長年解約できず、高額な費用を払い続けている企業もあるほどです。

「車輪の再発明」は、私の知る限りでも15年間繰り返されました。この負のループに終止符を打つべく、誰でもデジタルをマーケティングに活用できる世界を作ることが本書の目指すところです。

図0-2 「車輪の再発明」が繰り返されるメカニズム

ジョブローテーション　　　人材市場の流動化

デジタル担当者が弱い

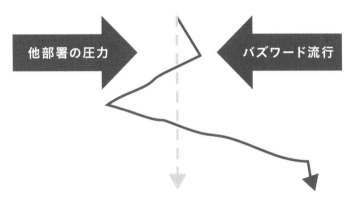

専門家は不在で「デジタル特性」を理解していない

他部署の圧力　　　　　　バズワード流行

本来進むべき方針　　　誤った方針（車輪の再発明）

「経営者」と「事業責任者」こそ
定石を理解すべき

経営者や事業責任者は
実務を理解する必要はない

「デジタルの定石を理解することは確かに重要かもしれないが、デジタル担当者に任せておけば良い」と考える経営者もいるでしょう。

しかし、この考え方は完全に誤りです。

デジタルは、すでにマーケティングのあらゆる領域に浸透しています。現状のマーケティング手法のうち、何をデジタルに置換すべきかを考えるのは、経営者にとって最も重要な仕事の1つです。デジタルのことを、単なるWebサイト、ネット広告、SNSの運用に過ぎず、担当部署に任せておけば良いと考えている経営者に未来はありません。

デジタルの領域でツールやテクノロジーに振り回されずに変革をもたらすには、経営者や事業責任者がデジタルを理解して意思決定し、大なたを振るうしかありません。既存の仕事を捨て去るには、大きな権限と強い覚悟が不可欠です。

もちろん経営者や事業責任者が、デジタルの具体的な実務まですべて理解する必要はありません。例えば、ネット広告の入札単価や、検索の順位変動まで細かく見る必要はありません。

しかし、本書で解説するデジタル活用の定石は理解しておく必要があります。**定石は、本質的な部分であるがゆえに15年間変化しておらず、日々の意思決定から、事業のあり方、デジタル戦略、DX（デジタルトランスフォーメーション）戦略までを考えるうえで必ず役立つからです。**

本書の構成

　Part1では、デジタルに「できること」「できないこと」を明確にします。

　まずはデジタルの限界を解説します。デジタルは万能ではありません。苦手なことを無理やりやらせようとしても、必ず失敗に終わります。

　次にデジタルは「コストカット」を目的にした時、真価を発揮することを解説します。デジタルの持つ特性を最大限に活かせば、従来のビジネスモデルを革命的なレベルで効率化できます。

　Part2では、デジタルをマーケティングに活用する目的を3つのフェーズに整理した「定石」を解説します。従来のマーケティングのフレームワークだけでは足りない、デジタル活用の具体的な方法論が身につきます。

　ここまで読み進めていただければ、高い抽象度で「デジタル特性への理解」が身につきます。

　Part3では、ビジネスモデルに応じて、デジタルをマーケティングに活用するための型「18セグメント」を具体的に紹介します。自社のビジネスに当てはまるChapterはもちろん、それ以外のChapterも読み進めると、デジタル活用への理解がさらに深まり、新たなビジネスモデルを発想するきっかけになるでしょう。ここでは、できる限り具体的なアクションにつながるように、実務レベルまで紹介しています。実務に近いテクニックは、技術革新や市場変化の影響を受けやすいのですが、できる限り長期に渡って活用できるように、体系化した手法を解説します。

　本書は、経営者・事業責任者だけでなく、現場でデジタルに携わる方にも当然お役に立てるように構成しました。現場の方にとって、後半のテクニック解説は、明日からでもすぐに実践できる内容になっているはずです。

　加えて、現場でデジタルに携わっている方にこそ、前半の「デジタルをビジネスに活用するとはどういうことか？」という理解を深め、今後のキャリアに役立てていただきたいと願っています。

Introduction　まとめ

 本書で解説する「定石」とは、従来の顧客接点をデジタルに置換することで、大幅なコスト削減を実現する施策パターン

 しかし企業担当者の多くは、この「定石」を理解していないため、「車輪の再発明（成果の出ない施策）」を繰り返す

 「定石」を知る専門家は企業内に存在せず、今のままでは未来永劫生まれることもない。原因はジョブローテーションと人材市場の流動化にある

 専門家不在のマーケティング部門は、「他部署からの圧力」と「バズワードの流行」により、間違った方向に邁進する

 デジタルの「定石」は、マーケティングの意思決定に関わる経営者や事業責任者こそ理解しなければならない

Part 1

デジタルの
特性を理解する

Chapter 1

デジタルの
限界を
理解する

デジタルは万能ではない

アイディア一発勝負で大きな成果が
出るわけではない

　まず初めに「**デジタルは万能ではない**」という事実を強く認識する必要
があります。

　デジタルに携わったことのない人ほど、デジタルに幻想を抱きがちです。
例えば、「最近ではデータを大量に集めてAIに学習させれば、売上を増
やすアクションが自動で導き出せる」「デジタル完結で何でも売れる」「デ
ザインを洗練すればブランドを作れる」などが挙げられます。

　しかし、これらはすべて幻想です。

　中世ヨーロッパの民衆が、科学知識を得る努力を放棄し、理解できな
い現象をすべて魔女のせいにしていたのと同じです。魔女と呼ばれた人
も当然同じ人間であり、中には科学知識を学んで便利な「魔法」を使って
いました。「魔法」の多くは、決して難しいものではありませんでしたが、
恐れず理解しようとすること自体が大きなハードルになっていたのです。デ
ジタルも「魔法」のように学ぶことを放棄せず、まずは蓋を開けようとする
意志を持つことからスタートしなければなりません。

　AI、IoT、DMPなどバズワードが流行するたびに、「何か新しい提案
を持ってきてくれ」と、総合広告代理店に「魔法」の発動を依頼するクライ
アントを見かけますが、そんな適当な依頼からまっとうな提案が出てくるわ
けがありません。

　新しい技術やサービスが流行したところで、大元のビジネスには何の変
化もありません。**デジタルを使えば、アイディア一発勝負で大きな成果が
出ると思ったら大間違い**です。

デジタルは既存ビジネスの機能を代替する「手段」の1つ

デジタルは、既存ビジネスの機能を代替する「手段」の1つに過ぎません。今人間がやっていることを、今CMでやっていることを、今紙でやっていることを、デジタルに置換して効率化するのです。あるいは今でも人間やCMを使えばやれなくはないが、利益構造や費用対効果などの問題で実現できていないことを、デジタルの力で実現するのです。

いずれにせよデジタルを用いたからと言って、今想像できるビジネスの範囲を超えた、突飛なアイディアが生まれることはきわめて稀です。

まだ普及していない初期市場を創造したサービスである「Google検索」や「Facebook」を否定するつもりはありませんが、これらは捨て身のベンチャー企業だからこそなしえた偉業です。

一般的な企業は、株主や従業員への説明責任を果たしつつ、着実にビジネスを育てていくことが求められます。

そのためには**既存ビジネスを理解し、デジタルの特性で置換できる箇所を見出すアプローチ以外に選択肢がない**のです。

例えば、従来の求人媒体の広告営業は、エリア別に担当が分かれており、東京の神田エリア担当であれば神田にあるすべてのオフィスビルを巡って飛び込みで営業します。飛び込み営業は、当然断られる確率も高いため、決して効率的な手法とは言えないでしょう。

飛び込み営業をすべて否定するつもりはありませんが、求人媒体に広告を出したい見込み顧客をデジタルで十分集められるなら、営業コストを大幅に削減できます。

このように**既存のビジネス機能を、いかにデジタルで代替するかを考えるべき**なのです。

AIもデジタルを万能にするわけではない

　もしAIがさらに進化すれば、デジタルにできることの幅が広がり、現時点では幻想だと思われていることが現実になるのではないかと思う方もいるでしょう。

　確かにAIが人間と同等の知性を有するようになれば、デジタルの短所は補われ、少なくとも人間の上位互換と言える手段になりえます。しかしこれはほぼありえないと言い切れます。

　というのは、**AIが人間と同等の受け答えをできるようになるまで、まだかなりの時間を要する**と考えられているからです。技術進歩が激しい今のAIという分野は、人間の脳そのものを作り出す研究ではなく、人間の脳が出した結果と同じ結果を、別の手段から導き出す研究です。そのためAIは、人間なら回答できる様々な問題のうち、特に「答え」が明確な問題にしか回答できません。このレベルのAIで、転職を検討し始めたばかりの求職者の表情と声のトーンから、ネガティブな心理状態を見抜き、寄り添って悩みを引き出すことができるでしょうか？

　さらに生身の人間同士だからこそ、遠慮や気遣いが生まれる点も見逃せません。AIの転職エージェントと面談したとして、提案が気に食わずその場から立ち去ることに心理的な抵抗はあるでしょうか？

　少なくとも現時点では、AIの技術がこのまま進歩したとしても、デジタルを万能にするまでの未来はイメージできません。

　デジタルが万能ではないからといって、デジタルの価値が失われるわけではありません。デジタルには明確な限界がありますが、一方で明確な強みもあります。

　何か真新しいという理由だけで注目を浴びてきたデジタルに夢を見る時代は終わりました。これからのデジタル活用は、当然世の中にあるものとして、堅実にビジネスの中に浸透させていくことが求められるのです。

　次項から、デジタルの限界を4つ紹介します（図1-1参照）。いずれもよく誤解されており、失敗の原因になってきたものです。

図1-1　デジタル4つの限界

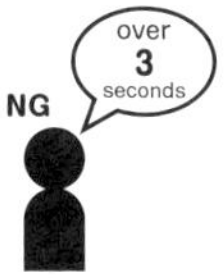

3秒以上の営業トークは無視される

人間の営業担当のような説得は一切できない。デジタルは「セルフサービスチャネル」であり、ユーザは自分の好きなもの以外、一切見てくれない

ユーザの顔がまったく見えない

誰と話しているのかまったくわからず、相手に質問もできない、暗闇の中で、3秒で何かを説得しなければならない

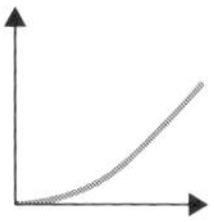

爆発力がなく、少しずつしか伸びない

マス広告のように、お金さえ払えば一瞬で認知を取れるようなものではない。デジタルはターゲットを絞り、地道に積み重ねなければ集客できない

大量データを集めただけでは何もわからない

活用イメージのない大量データは、AIを駆使したとしても、何にも使えない雑音にしかならない。データは集める前に、使い道を決めなければならない

3秒以上の営業トークは無視される

ユーザは自分の好きなもの以外、一切見ない

デジタル最大の制約は、「3秒以上の営業トークは無視される」ことであり、人間の営業担当のような説得は一切できません。これが1つめの限界です。

デジタルは「セルフサービスチャネル」です。PCでもスマートフォンでも、ユーザは基本的に1人で操作します。

目の前には、サービスを魅力的に提案してくれる営業担当も、使い方をわかりやすくレクチャーしてくれる窓口担当もいません。ユーザは自分の好きなもの以外、一切見てくれません。

人間の営業担当であれば、1時間の商談中、ユーザを拘束できます。その時間内であれば、序盤のアイスブレイクで冷笑されても、途中で競合サービスと比較していることを知らされても、終盤で価格感が合わないと言われても、何度でもリカバリーのチャンスが訪れます。

しかし**デジタルでは、訪問直後にほんの少しでもユーザの期待とずれた話をすれば、一瞬でユーザは去っていきます。**まず対面している人間がいないため、遠慮せずにすぐさま離脱できます。さらにデジタルではほかの選択肢に移動するまで、2-3回のタップ・クリック操作しか要しません。

例えば、デートで使いたいオシャレなバーを探すために「渋谷 バー」と検索して、最初に出てきたWebサイトに入ったところ、日本中に多店舗展開しているチェーン店が最初に出てきたら、離脱する可能性は高いでしょ

う。企業側の言い分としては「ページ上部のチェーン店は広告枠で、少し下のほうまでスクロールするか、検索条件を絞り込めばオシャレなバーがたくさん出てくるのに……」というところでしょうか。しかし、デジタルでそんな言い訳は聞いてもらえません。即離脱するのみです。

　さらに今ではGoogle検索が賢くなり、このようにユーザニーズを満たさないWebページは、上位に表示されなくなり、そもそもユーザの目にも触れなくなっています。

　検索経由でWebサイトに訪れてから離脱するまでの平均滞在時間はほとんどが1分未満で、平均して閲覧されるページ数は2ページ以下です。最初に表示されたページ以外何も見ずにすぐ離脱する確率（直帰率）が、50％以上あるWebサイトがほとんどです。ユーザは自分1人の時間を過ごしている時、驚くほどにせっかちで見切りが早いのです。

　人間の営業担当であれば、ユーザの悩みをヒアリングし、ユーザすら気づいていない課題を明らかにし、最適なソリューションを提案できます。ユーザの感情に訴えかけるトーク術も活かせるかもしれません。

　しかしデジタルでは、ユーザに新しい気づきを与えることがきわめて困難です。ユーザは自分の興味からほとんど逸脱することなく、興味のないものには興味がないまま去っていきます。もちろん感情に訴えることも一切できません。

　さらに、デジタルを利用しているユーザのうち、購買に近い人ほど、他人の話を聞きません。**「何かが欲しい」「何かを買いたい」ユーザは、目的までまっしぐらに情報を検索**します。その過程で目的外の情報が出てくれば容赦なく無視しますし、動線を阻害するようなら即座に離脱します。

　特にGoogleなど検索エンジンから流入するユーザは、購買に近いユーザが多いですが、その分目的が明確なため、期待にピッタリと応えなければなりません。さもなければ、「戻るボタン」を押して別の検索結果に流れてしまいます。

デジタルにできることは、唯一ユーザの期待に応えることだけです。接触時のユーザの期待を理解し、即時適確に回答したうえで、初めてユーザは「**3秒以下の営業トーク**」なら聞く耳を持ちます。ただしこの「3秒以下の営業トーク」も、ユーザの期待と無関係のテーマでは成立しません。

　先ほどの「渋谷のバー」の例であれば、Webサイトで最初に見せるべきは、「渋谷のオシャレなバー」の写真一覧でしょう。少しでもダサい写真や、ポエムまがいのキャッチコピーが目立てば、即座に離脱して別のグルメサイトに旅立ってしまうことでしょう。10軒ほどオシャレなバーの写真を見てもらえれば、ユーザはようやくこのWebサイトでお店探しをしようかなと思い始めます。

　ここまで来てようやく、「3秒以下の営業トーク」が許されます。例えば「コンテストで1位を獲得したバーテンダーがいます」や「高層ビルから渋谷の街を一望できます」など個別店舗への来店を促す訴求が、ようやくユーザの目にとまるようになります。

　オシャレなバーを探すという流れに沿っていれば、少し脇道にそれる営業トークも可能です。例えば「会員登録すればもっとオシャレなバーが見つかります」「チェーン店だけどオシャレな部屋があります（広告）」「アプリをダウンロードすればいつでもオシャレなお店を探せます」などなら、多少は差し込むことができるでしょう。もちろん、それでも元々の訪問動機である「渋谷のオシャレなバーを探す」という行動が圧倒的に優先されます。

デジタルでは「見込み客の質」を高められない

　ここまでデジタルの限界をお伝えすると、Introductionで前述した「質の高い見込み客しか欲しくない」という営業担当の主張が、間違いだとわかるでしょう。

　デジタルには、人間の営業担当のような柔軟な説得ができないため、見込み客の質を高めることはできません。**無理やり質を高めようとすれば、本来お客さんになるはずだった人までシャットアウトしてしまう**のです。

　例えば、生命保険の販売代理店で、冷やかし客に来られても困るので、

図1-2 見込み客の「質」を高めるための正しい考え方

「問い合わせ」フォームに要望を入力しなければ、コンタクトが取れない仕様になっていたとしましょう。しかし、生命保険を検討するユーザの大半は、保険の選び方を知らないファミリー層です。「要望を書け」と言われても、何を書けば良いかわからず問い合わせてもらえません。

　ここで「初めての生命保険選び方ガイド」という資料のダウンロードフォームを用意しておけば、生命保険を探している幅広いユーザの個人情報を獲得できます。販売代理店はこの見込み客の中から、目ぼしい人だけ選ぶという一手間を加えれば、あとは電話をかけて営業するだけです。

　デジタルは、お客さんになる見込みが少しでもありそうな人を、大量に集めることに注力すべきです。**見込み客の質を判断できる情報をヒアリングし、そのあとは営業担当が自らお客さんを選ぶべき**なのです。

　ここまではイメージが湧きやすいように、主に検索エンジン等から訪問する能動的なユーザの例を取り上げてきました。一方で、SNSやYouTubeなど、目的なく「ぼーっ」と暇をつぶすメディアから流入する受動的なユーザであれば、企業からの説得にもやや応じやすくなります。

しかし、「ぼーっ」としているユーザをデジタルで説得し、何かを買ってもらうことは非常に困難です。

例えば、SNSに広告を出して集客するのは、JR新宿駅の改札前に「無人の路面店」を出すようなものです。移動中の人もいれば、誰かを待っている人もいますが、その人達に対して、目を引く交通広告と、近づくと読める説明文と、無人レジだけで商品を販売するのです。

見るからにおいしそうな見た目のお菓子なら売れるかもしれませんが、みなさんが取り扱っている商品が同じ方法で売れるでしょうか？　人間の営業担当が必要な商材なら、まず間違いなく売れないでしょう。

企業に「カスタマージャーニー」は
操作できない

デジタルは「3秒以下の営業トーク」が限界だとお伝えしましたが、当然ですが、**複数回に渡る説得も一切できません。**

「カスタマージャーニー」という言葉が流行したせいで、商品を購買するまでの「ジャーニー（旅路）」を、企業側が操作できると勘違いしている人がいますが、これも完全に妄想です。

1回接触した時の期待を少しそらすことすら難しいデジタルで、複数回接触するユーザ行動を制御できるわけがありません。ユーザは過去にあなたのサイトに訪れたことなど、微塵も覚えていないでしょう。

「カスタマージャーニー」の本質は、ユーザが訪問した時の期待を正しく捉えることにあります。

例えば、あなたの会社名で検索してサイトに訪問したユーザが、どこであなたの会社を認知し、どのような印象を持ち、何を探しに来ているのかは、それまでの「ジャーニー（旅路）」を知らなければ答えられません。このように、**「カスタマージャーニー」は、ユーザの期待の解像度を高めるための概念であり、決して企業側が操作できるものではない**と理解すべきです。

「デジタルでブランディング」は勘違い

デジタルでの複雑な説得が難しいことに加えて、**デジタルによる「ブランディング」も困難**です。よくWebサイトのロゴやデザインを変えただけで、「私はブランディングしている」と喧伝する人を見ますが、完全な勘違いです。

大半のユーザは目的を持って訪れるため、その視野はきわめて狭く、コンテンツ（中身）にしか興味を示しません。コンテンツとは、ユーザの知りたい情報のことです。商品説明ページであれば、商品の説明・写真・仕様・口コミ・類似商品などが該当します。

サイトに初めて訪問した時、どこの会社のサイトを見ていたか尋ねても、答えられるユーザは稀です。ロゴやデザインは視界の外にあり、ユーザは一切視認しません。よほど古いデザインか、よほど異様なデザインでない限り、ネガティブな印象を持つことはあります。しかし、ちょっとやそっとデザインを良くしたところで、ユーザの認識はほぼまったく変化しません。

私はこれまでに、約500人のユーザに対して、自由にWebサイトやアプリを利用させる調査を行なってきましたが、**Webサイト自体のデザインの美しさが理由で購買を決めたユーザは1人もいません**でした。また自由にWebサイトで探しものをしてもらったあとに、閲覧していたWebサイトの名前やロゴを思い出せたユーザは1割未満でした（企業名やサービス名を、固有名詞で検索して公式サイトに訪れるケースを除く）。

デジタルでブランドを変えたいなら、商品、テキスト、写真など、企業が提供するコンテンツ（中身）を変えて勝負するしかないのです。

ただし無難な「中身」では、ユーザの認識を塗り替えるまでにはいたりません。自社の表現したい方針で、極限まで「とがる」コンテンツを作ることでしかブランドは生まれないのです。逆に言えば、多少のデザイン変更や、コンテンツ刷新により、ブランドが悪化することもありえません。

ブランディングという「隠れ蓑」で、うまく説明できないことをうやむやにするのは恥ずべき行為です。

ユーザの顔がまったく
見えない

データで「行動履歴」は見えても
「理由」はわからない

　前項で「3秒以上の営業トークは無視される」ことを説明しました。そうなれば必然的に、この**わずか「3秒」で何を伝えるか**がデジタルで最も重要な検討事項の1つになります。

　しかし、デジタル活用をさらに難しくしているのは、「ユーザの顔がまったく見えない」という限界です。誰と話しているのかまったくわからず相手に質問もできない暗闇の中で、3秒で何かを説得しなければならないのです。もはや超能力者でもなしえない奇跡を起こす以外に道はないように思えます。

　唯一の光は、**ユーザが行動した履歴である「データ」が無料でいくらでも手に入る**ことです。どのページを見たのか？　どこから入ってきたのか？　何秒間滞在したのか？　スマートフォンを操作しているのか？などユーザの行動履歴を細かく把握できます。
　しかし、この**行動の「理由」まではわからない**のです。
　例えばユーザが見ているページ数が多いのは、良いことか、悪いことか、実はそれすらわかりません。興味を持ってたくさん見てくれているのか、目的の情報が見つからず不快な気持ちで迷っているのか、データだけでは正しく判断できないからです。

　データの中には、行動の「理由」までおぼろげに想像できる情報もあり

図1-3　データでは行動は見えても理由は見えづらい

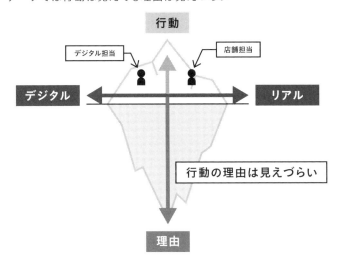

ます。例えば、流入時にGoogleで検索したキーワードを見れば、ユーザが何を調べたいのか、ざっくりと理解できます。

「池袋 ランチ 会社の同僚 1000円以内 静か 会議可能」くらい絞り込んだ検索キーワードであれば、ユーザが何をしたいかは一目瞭然です。しかし残念なことに、大多数のユーザはもっと大雑把な検索キーワードしか入力してくれません。「池袋 ランチ」だけなら、そのユーザが何者かはかなりぼやけてきます。

　先述した通り、検索しているユーザは目的が明確なため、少しでもずれた情報を出されると一瞬で去っていきます。見えないユーザが何を考えているのかを、ピンポイントで当てなければなりません。

「ユーザのことを知っている」とはどういう状態か？

　デジタルの現場で働く人達は、生半可にデータが見えるせいで、自分達はユーザのことを知っていると過信しがちです。

　しかし、そういう人に限ってユーザのことを数字でしか語りません。「訪

問者が1万人いて、お問い合わせが100件あります」と言うだけでは、ユーザ理解のレベルとしてお粗末すぎます。**少なくとも1年に1回は自社のデジタル媒体に訪問するユーザにヒアリングする機会を持ち、訪問動機・行動順序・心理変化・購買動機のパターンをすらすら言えるようになっていなければなりません。**

「ユーザを知らない」ことに無自覚な人は、ひどく非効率な仕事に傾倒します。例えば、Webサイトのトップページで、自己陶酔でしかない「ポエム」のようなコピーをデカデカと掲げるWebサイトは、「私はユーザのことを知りません」と喧伝しているようなものです。

繰り返し強調している通り、デジタルにおいてユーザは自分の好きなもの以外一切見ません。他人による自己満足の「ポエム」など読むはずがないでしょう。

例えば弊社が提供するソフトウェア「AIアナリスト」は、弊社のビジョンである「テクノロジーでビジネスの相棒を一人一人に」を体現するサービスですが、このビジョンをデカデカと掲げたとしても、独りよがりなポエムにしか見えないでしょう。2020年現在、「AIアナリスト」のWebサイトの一番上には「AIがWebサイトを分析」というコピーを掲げています。本当はマーケティングにデジタルを活用するための機能が色々備わっていますが、訪問するユーザの多くは「Webサイトを分析したい」と思って訪れるため、あえてこのようなコピーにしているのです。

ユーザを理解すれば「無価値な仕事」を判別できる

Webサイトの「デザイン刷新」に数ヶ月を費やす人も、同様にユーザのことを知りません。先述の通り、ユーザはコンテンツ（中身）にしか興味がありません。ロゴやデザインはよほどひどくて悪目立ちしない限り、ユーザに気づいてもらうことすらできません。

ユーザのことを知っていれば、経営者や担当者の自己満足で「デザイン刷新」に時間を浪費することは無価値だと気づけます。前項で述べた「ブランディングという隠れ蓑」に潜む、無価値な仕事も、ユーザを理解すれば、

一掃できるのです。

　念のために補足すると、「デザイン」や「アート」の価値そのものを否定しているわけではありません。商品パッケージや、店舗内装のデザインを刷新して売上が増えた事例はいくらでもあるでしょう。問題は、ユーザが能動的に使う「Webサイト」や「アプリ」のデザインにこだわりすぎることです。**商品やサービス自体のデザインにはいくらでもこだわるべきですが、そこにたどり着くまでの導線のデザインにこだわる必要はない**のです。

「ユーザと対面している＝理解できている」ではない

　あなたはデジタルのユーザを知らないと指摘すると、「いやいや、私はリアルのお客様に日々お会いしているので知っています」と反論してくる営業担当、店舗スタッフ、コールセンター担当などもいます。しかし、彼らもデジタルのユーザのことはまったく理解していません。

　営業担当も店舗スタッフもコールセンターも、ある程度「お客様」として顕在化したユーザにしか接触していません。一方デジタルで接触できるユーザは幅広く、JR新宿駅で通りすがりのユーザもいれば、10年来のファンのユーザもいます。

　休日のユーザはベッドでパジャマを着たまま、よだれを垂らしてスマートフォンを操作しているかもしれません。営業担当と対面している時とはまったく違う状態でしょう。

　このように我々は**つねに「デジタルのユーザのことを知らない」という前提に立つべき**です。

最も有効なユーザ理解手法は今もなお「アンケート」

　当然データだけでは、ユーザ理解が不十分です。そうなれば、実際にデジタルを操作しているユーザに聞いてみるほかありません。具体的には、**定期的な「アンケート」と「行動観察」**が有効です。

最初に実施すべきは訪問者への「アンケート」です。

手垢のついた古臭い手法のように聞こえるかもしれませんが、**「アンケート」は今でもなお最も有効なユーザ理解手法**の1つです。

Webサイト、アプリなど何でも良いのですが、自社のデジタル媒体上でアンケートを表示し、何をしに訪問したかを聞くだけで構いません。訪問理由を予測できるなら選択式の回答にしますが、皆目検討がつかないのならフリーワードの回答でも大丈夫です。これだけでも**誰に対して3秒の営業トークを準備すれば良いかのヒント**が概ねつかめます。

例えば、あるDVD-Rなどの記憶メディアを販売するメーカーのWebサイトに毎月数万人が訪れていることがデータでわかりました。しかし、コンビニや量販店でも売っているDVD-Rを買う前に、メーカーのWebサイトをチェックしたことがある人はそれほど多くないでしょう。

このWebサイトで利用者のアンケートを取ったところ、訪問していたユーザは家電量販店の店舗スタッフだとわかりました。アンケートの自由回答で確認した訪問動機によると、「お客さんから各メーカーのDVD-Rの違いを聞かれることがあり、そのために調べていた」という回答が多く見受けられました。

Webサイトを見てくれた店舗スタッフに、懇切丁寧にDVD-Rの選び方と他社比較を解説すれば、自社のファンになってくれる可能性もあります。お客さんから聞かれた時にオススメしてくれますし、さらにいつもより多く仕入れて、目立つ棚に置いてくれる可能性もあります。

アンケートだけでもこれだけのインプットが得られるのです。**アンケートは、低コストで手軽に実施できる**こともメリットです。**少なくとも年1回くらいは実施すべき**でしょう。

ユーザの普段の行動と心理変化を知る「行動観察」

アンケートの次は「行動観察」がオススメです。

「**行動観察**」とは、アンケートで回答してくれたユーザの中から、ターゲッ

図1-4 行動観察実施のイメージ

調査ルーム

被験者1名を、モデレータ1名が調査
する

見学ルーム

別室の見学ルームでリアルタイムに
調査を観察する

トに近い人を呼んで、自分の目の前で普段通りWebサイトなどを使っても
らう調査手法です。**アンケートだけではわからない、デジタル上でのユー
ザの心理変化を知ることができます。**

　調査の流れはシンプルで、調査対象のサイトやアプリを利用するまでの
経緯を軽くヒアリングしたあとに、実際に操作してもらうだけです。操作中
は被験者に話しかけず、普段通りの行動を横から観察します。そして操
作終了後に、行動の理由を根掘り葉掘りヒアリングするのです。

　行動観察は、社内関係者を集めて見学することをオススメしています。
自称「ユーザを知っている」関係者達は、目の前で想定外の行動を繰り
返すユーザを目の当たりにし、デジタルのユーザを知ることの難しさと重要
さを腹落ちしてくれることでしょう。

　例えば、クレジットカードの会員サイトでユーザの「行動観察」を行なっ
た際は、ユーザの猪突猛進すぎる行動に、見学していた関係者一同が驚
いていました。

　このクレジットカード会社では、定期的に社員が実店舗まで赴き、新規
カード会員を勧誘する習慣がありました。そのため関係者一同、少なから
ず「ユーザのことを知っている」自負がありました。

この企業では、会員サイトのトップページから利用明細へのリンクを極限まで目立たなくし、逆に誘導したいページへの動線を全力で強化していました。ページ上部の面積を専有し、魅力的なキャッチコピーを並べて「カードローン」や「リボ払い」に誘導していたのです。

　実際にクレジットカードの会員サイトに訪れているユーザを数名呼び、目の前で普段通り行動してもらった結果、企業側の思惑はことごとく失敗していることが明らかになりました。一言で言えば、ユーザは「利用明細」以外にまったく興味を持たないのです。
　会員サイトに訪れるユーザの大半は、利用額確定のメールを受け取った直後か、少しカードを使いすぎて不安になったタイミングで訪れます。「利用明細を見たい」という目的が明確なため、それ以外の情報はどれだけ魅力的なコピーを目立たせようとしても、まったく視界に入らないのです。
　「利用明細」へのリンクは、企業側の思惑によりページ下部に小さく置いてあるだけでしたが、ユーザはそれを必死に探し出しました。「利用明細」のリンクを見つけ出すまでに、何度も間違ったリンクを押しては、会員サイトのトップページに戻り、そのたびに企業側が誘導したい「カードローン」や「リボ払い」の訴求が表示されましたが、それらを押すユーザは1人たりともいませんでした。

　さらに、社内の関係者全員が驚いたのは、「利用明細」を見終わったあとのヒアリングで、デカデカと目立たせていた「カードローン」「リボ払い」「ポイントモール」「Web明細」の訴求を見ていたか尋ねたところ、全員がその存在すらまったく記憶していなかったことです。ユーザは自分の興味がある情報以外、まったく目に入っていないという事実を、関係者一同で腹落ちした瞬間でした。

爆発力がなく、
少しずつしか伸びない

デジタルの集客方法は5つ

　デジタルを使えば、インターネットを介して大勢のユーザとすぐに接触できると思うかもしれません。確かに日本のモバイル端末の世帯保有率は2018年時点で95％に達しており、テレビよりも多くのユーザに利用されています。確かに手間と時間をかければ、デジタルを通じて大勢のユーザと接触できます。しかし残念ながら、**デジタルには爆発力がなく、少しずつしか伸びていきません。**

　デジタルの集客方法のうち、一定以上の母数を集められる媒体は、「検索」「広告」「SNS」「メール」「アプリ」の5つですが、いずれについてもスピーディに人を集められるような「爆発力」はありません。ここからは、それぞれの限界について解説していきます。

● 検索

　まず「検索」ですが、**訪問数を増やすにはかなりの時間を要します。** Googleの検索結果で上位に表示されれば訪問数は増えますが、そのためにはまずGoogleに「信頼性」の高いサイトだと認定される必要があります。名の知れた企業ならそれほど問題ありませんが、中小企業ならコンテンツの品質を高め、権威性のあるサイトからリンクを張ってもらう必要があります。

　さらに**1つのキーワードで上位に出ても訪問数の伸びは限定的**です。基本的に1キーワードで上位表示するには、専用に1ページ作る必要があり、平均で3000-5000文字のテキスト量が必要です。例えば10万人のユーザを毎月集めたいとすれば、1キーワードあたり100人呼べるとして、

1000個のキーワードでユーザの期待に応える品質の高いページを用意することになります。文字数にして500万文字、書籍50冊分に相当します。どれだけ素早く執筆したとしても数年はかかるでしょう。

　検索から集客する手法としては、大量の文章を書く方法のほか、ECサイトなどの商品詳細ページを自動で大量に作る方法もあります。しかし、この方法で検索エンジンの上位に表示させるには、商品情報の網羅性と専門性が不可欠であり、やはり一朝一夕で実現することは不可能でしょう。

　TVCMを打てば、お金はかかりますが、1日で1000万人近くのユーザにリーチできる可能性があります。もちろんデジタルのほうがターゲットユーザを狙いやすいですし、接触時に伝えられる情報量は多いのですが、やはり爆発力は小さいと言わざるをえません。

・**広告**

「広告」はデジタルの集客手法の中では、最も爆発力があります。TVCMなどと同じでお金さえ払えば、すぐに集客できます。

　ただし爆発力という観点では、現時点でTVCMよりも「高価」です。ネット広告は、安く見積もって1クリックあたり約100円としても、1000万人に情報を届けるには10億円かかってしまいます。これはスポットのTVCMと比べればかなり高価です。

　もちろん「ネット広告をクリックした」と「TVCMが流れた」の効果を同列に比較することは困難です。視聴率も多くは「世帯視聴率」を指すため、本当に数千万人にリーチできているかは眉唾ものです。しかし、ターゲットユーザを問わず広く「製品名の認知を取る」という目的なら、TVCMのほうが依然として強大です。

　ネット広告は、クリックされなくても「バナー画像」が表示されるため、認知に貢献するのでは？と思う方もいるでしょう。しかし先述の通り、デジタルのユーザは視野が狭く好きなものしか見ないため、「バナー画像」が表示されたくらいで認知することはほぼありえません。

　画面の右端に小さく表示された、チラシのような画像をちらっと見ただけで、その商品を認知するでしょうか？　興味を持てばクリックするはずで

すし、クリックもせずに興味だけ持ってその名前を覚えているなんてことがあり得るでしょうか？　広告をクリックせず、表示だけされていたユーザの購買率を分析したことは何度もありますが、当然ほぼまったく貢献していませんでした。

　ネット広告もやはり爆発力がありません。ターゲットを絞り、細かく丁寧に運用すれば売上に直結しますが、「広い認知」を取ることには向いていません。

● SNS

「SNS」には、「バズ」という爆発力があります。例えば、SNSの中で最も拡散力の強いTwitterで「1万いいね」が付けば、およそ100万人に投稿が表示されます。このレベルでバズが発生する投稿を定期的に繰り出せるなら、確かに爆発力に期待できます。

　しかし、「1万いいね」を定常的に出すには、日本トップクラスのフォロワー数が必要です。少なくとも500万人近いフォロワー数が必要ですが、企業アカウントでこのレベルのアカウントを育てることはきわめて困難でしょう。芸能人に頼るにしても、ステルスマーケティングではむしろ悪影響になりますし、宣伝であることを明記すればバズは起こりづらいでしょう。

　フォロワー数が100人程度でも、投稿内容が時流に乗って拡散すれば、「1万いいね」まで到達することはあります。しかし当然ながら再現性は一切ありません。

　このようにSNSも広く認知を獲得するための爆発力はありません。むしろ既存のお客様との関係を深めることに使うほうが有効です。お客様にとって有益な情報を毎日数回投稿し続けることで、少しずつフォロワー数が伸びていき、影響力のあるアカウントに育つのです。

● メール・アプリ

「メール」は、その性質上爆発力がありません。少しずつメールアドレスを獲得し、そのリストに対して配信するものです。

　「アプリ」も同様です。地道な活動でダウンロード数を増やし、アンインス

トールされないように継続的にサービスを提供するものです。

　どちらも接点のある顧客との関係性をさらに深めるために活用する媒体です。

なぜITベンチャー企業が
マス広告を打つのか？

　これらの集客手法を駆使し、地道に努力すれば、どのような企業でも月間10万人まではデジタルだけで集客できます。

　しかし、月間100万人以上集めるには、マス広告に頼るか、圧倒的なコンテンツ力が求められます。無名のITベンチャー企業が、資金調達直後にことごとくマス広告を打つのも、デジタルだけでは認知の限界があるためです。

　デジタルの集客規模の限界を知っていれば、自ずと無差別に広い認知を取るよりも、ターゲットを絞って丁寧にコミュニケーションを取ったほうが良いことに気づくでしょう。

　このようにデジタルの集客は、ターゲットを絞り、地道に積み重ねていくものです。マス広告のように、お金さえ払えば一瞬で認知を取れるようなものではありません。

　しかし、この特性は裏を返せば強みにもなります。Chapter2で後述しますが、デジタルの集客は基本的にストックになります（70ページ参照）。一度集客できるようになれば、その後無料で人が訪れ続ける資産になるのです。またマス広告のように一部の企業しか使えない施策と違い、デジタルはどのような企業でも活用できます。

マス広告が弱体化し
「ファネル」の概念も変化している

　一方マス広告は、以前と比べて弱体化しているため、デジタルの重要性が相対的に高まっています。

数十年前は、家族全員が同じテレビを見て、どの家庭も中産階級で、同じ商品をこぞって買う時代でした。しかし今は、ユーザの可処分時間がテレビ以外の様々な媒体に細分化され、商品もニーズに合わせて多様化しています。昔は同じTVCMを一斉に流せば商品が売れましたが、今はそんな「楽」が許されません。

　「AISAS（Attention → Interest → Search → Action → Share の5段階で購買プロセスが進むという考え方）」に代表されるファネルの概念も、マス広告時代の「おとぎ話」になりつつあります。ファネルは、認知したユーザ数を起点に、少しずつユーザが離脱していき、最終的に残ったユーザが購買にいたるというモデルです。これはTVCMを前提とした、「認知数の最大化」が「売上の最大化」とイコールであるという思想にほかなりません（次ページ図1-5参照）。

　メディアもニーズも細分化された時代に、広くあまねく人に認知を取る必要があるのでしょうか？　大衆消費財ならまだありえますが、多くのビジネスにおいてもはや通用しないことのほうが多いでしょう。そもそも広くあまねくユーザに爆発的な速度で認知させるというマーケティング手法自体が古臭いものになりつつあります。

　マス広告の役割は単に「商品を売る」ことよりも、さらに中長期的な効果を期待して「TVCMを流せるだけの大きな会社である」という社会的信頼を獲得することに変わりつつあるのです。

図1-5 「ファネル」概念の変化

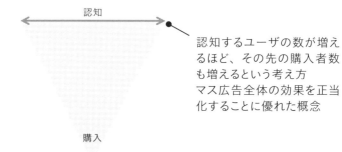

マス広告の「ファネル」概念

認知

購入

認知するユーザの数が増えるほど、その先の購入者数も増えるという考え方
マス広告全体の効果を正当化することに優れた概念

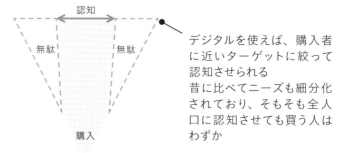

デジタルの「ファネル」概念

認知

無駄　　無駄

購入

デジタルを使えば、購入者に近いターゲットに絞って認知させられる
昔に比べてニーズも細分化されており、そもそも全人口に認知させても買う人はわずか

大量データを集めただけでは何もわからない

AIが「最適な説得パターン」を用意できない理由

　デジタル最大の強みは、ユーザの行動データが無料で手に入ることです。「ユーザの顔がまったく見えなくても、ユーザの行動データさえあれば、AIが勝手に最適な説得パターンを用意してくれるのでは?」と夢見る人がたくさんいます。

　しかし、これは今のところ妄想の域を出ていません。アプローチとしては間違っていませんが、**企業が個別にこうしたAIを開発するにはデータ量が少なすぎるから**です。

　例えば、1人ひとりのユーザ行動データをすべて入力し、「顧客生涯価値(LTV＝ライフタイムバリュー)」を最大化するように学習し、Webサイトと集客の組み合わせを自動的に出力するようなAIを作るとします。

　このとき「顧客生涯価値」は、恐ろしいほど多くの変数から影響を受けます。Webサイトの中身や集客手法はもちろん、競合、商品、景気、気候、ユーザの属性、性格など様々です。これらすべてのデータを仮にインプットできたとしても、変数が増えれば増えるほど、学習に必要なデータ量は膨大になり、個別の企業が保有するものだけでは到底足りなくなります。

　このように変数が多すぎる問題をAIに解かせる時は、結局、人間の経験則に頼る必要があります。人間の経験から「顧客生涯価値」に大きく影響を与えそうな変数に絞って学習させるのです。

　この人間の経験則は、ここまでお伝えしてきたデジタルの特性とユーザを深く理解することでのみ培われます。データだけ集めてあとはAIにお任せなどという怠惰なスタンスは、仕事を放棄しているのと同じなのです。

AIは答えの理由を
人間に説明できない

　AIを使うにはもう1つ課題があります。学習方法にもよりますが、AIの導き出す答えは、なぜその答えにたどり着いたのか、人間にわかるように理由を説明できないことです。

　「このWebサイトのデザイン、コピー、集客方法にすべき。なぜかわからない」と提案されて納得できるでしょうか？　百歩譲って納得できたとしても、このあと営業担当につなぐビジネスだった場合に、AIが作った訴求からスムーズに営業活動に入れるでしょうか？

　やはり現時点のAIでは、人間的なマーケティング業務をすべて自動化することはできません。**AIはマーケティング業務の中でも、より単純作業を自動化することに向いています。**

　例えば、ネット広告の運用、商品のリコメンド、デザインのバリエーション追加などはAIの活用が進んでいます。いずれも変数になりうる入力データの量が少なく、出力する結果もシンプルです。ただこれらの自動化ですら、個別企業のデータ量では太刀打ちできないことがほとんどです。現時点では、GoogleやFacebook規模のデータ量と、そこに集まる天才エンジニアによって、ようやく研究が進んでいるという状況です。

データ活用のカギは
「ユーザ行動の仮説」にあり

　一般的な企業がデータをうまく活用するには、まずユーザ行動の仮説を持つ必要があります。

　ユーザの行動を予想したうえで、その通りに行動するユーザがどのくらいの人数いるのかを検証するためにデータを用いるのです。間違ってもいきなりデータ分析を始めてはいけません。**ユーザ行動の仮説なきデータ分析は時間の浪費**しか生みません。

　よくある話ですが、まずデータベースを構築して、色々なデータをすべて

図1-6 データを有効活用するための正しい考え方

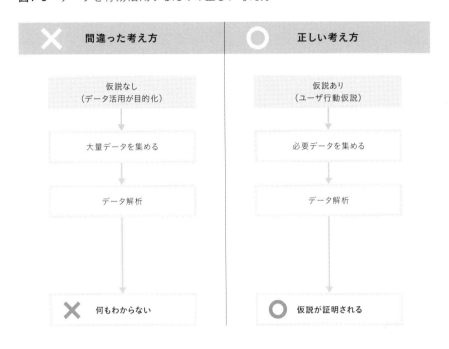

統合したものの、データが複雑すぎて分析できる人がいないという失敗が頻発しています。もちろんこのデータをAIに入力しても先述の通り何も見つかりません。せいぜい「直近の購入金額が大きい人は、生涯価値も高いです」などという誰でもわかる当たり前の結果くらいしか導き出せないことがほとんどです。

　データは集める前に、まず何に使うのかを考えるべきです。活用イメージのない大量データは、何にも使えない雑音にしかなりません。

Chapter 1 　まとめ

 デジタルは万能ではない。デジタルは、既存ビジネスの機能を代替する「手段」の1つに過ぎない

 デジタル最大の制約は「3秒以上の営業トークは無視される」ことであり、人間の営業担当のような説得は一切できない。デジタルは「セルフサービスチャネル」であり、ユーザは自分の好きなもの以外、一切見てくれない

 デジタルは、お客さんになる見込みが少しでもありそうな人を、大量に集めることに注力すべき。見込み客（リード）の質を判断できる情報だけ取得すれば、あとからいくらでも選別できる

 「カスタマージャーニー（時系列で整理した顧客との接点）」の本質は、ユーザと接触した時の期待を正しく捉えることにある。決して企業が自由に操作できるものではない

 デジタルによる「ブランディング」は困難である。ブランディングという「隠れ蓑」で、うまく説明できないことをうやむやにしてはならない

 つねに「デジタルのユーザのことを知らない」という前提に立ち、定期的に「アンケート」と「行動観察」を実施すべきである

 デジタルによる集客に爆発力はなく、少しずつしか伸びない。「検索」「広告」「SNS」「メール」「アプリ」のいずれも爆発力はない

 データは集める前に、まず何に使うのかを考えなければならない。活用イメージのない大量データは、AIを駆使したとしても、何にも使えない雑音にしかならない

Chapter 2

デジタル活用の
目的は
コストカットである

デジタルは「コストカット」で
真価を発揮する

デジタルは「コスパ」が圧倒的に高い

　Chapter1まででは、デジタルの限界を徹底的に説明しました。

　デジタルで物を売るには、顔の見えないユーザ相手に、3秒以内の営業トークで説得しなければなりません。しかも接触できる人数は少しずつしか増えず、説得をデータで自動化することも困難です。

　これだけ聞くと、なんと夢のない手段だと思う方もいるかもしれません。デジタルに淡い夢を抱いていた方は、ここで見解を改めていただければ幸いです。

　しかし、この限界は見方を変えればデジタルの強みでもあります。結論を先に言うと、**デジタルの強みは、既存のマーケティング手段を大幅に「コストカット」できること**です。この強みを活用すれば、ビジネスモデルを変革できます。

　「デジタル」をほかの手段と比較すると、「TVCM」と「人間」の中間に位置するものです（図2-1参照）。TVCMよりも爆発力（リーチ数）は弱く、人間の営業担当よりも説得力（購入率）は弱いが、中間的なスペックで「リーチ数」と「購入率」を両方とも有します。

　中間的な「リーチ数」と「購入率」に加えて、**デジタル最大の強みは「安い」**ことです。TVCMや人間はコストを掛け続けなければ集客できませんが、デジタルは一度コストをかけてしまえば、あとは無料で集客し続けます。**中長期で見れば、デジタルはほかの手段と比べて、コストパフォーマンスが圧倒的に優れている**のです。

図2-1 デジタル、人間の営業、TVCMの比較

	デジタル	人間の営業	TVCM
爆発力（リーチ数）	△	×	○
説得力（購入率）	△	○	×
ストック力（コスト）	○	×	×

　TVCMを中心としたマス広告は、幅広い潜在顧客にリーチするために、使われてきました。デジタルは、TVCMほど爆発的に潜在顧客にリーチできませんが、TVCMよりも対話形式（ユーザが求めてクリックした情報を表示するなど）で顧客を説得できます。無差別に日本に住む人全員にリーチしたい大衆消費財などを除き、デジタルでも十分潜在顧客に接触できます。

　ターゲットユーザを絞れる多くのビジネスにおいて、マス広告よりもデジタルのほうが圧倒的にコストパフォーマンスに優れています。デジタルが今までマス広告を使ってきた大企業のコスト削減に有効なのはもちろんのこと、マス広告を打つ余裕がなかった中小企業にとってはデジタルが潜在顧客にリーチできる唯一無二の手段になるのです。

　一方、人間の営業担当は、顕在顧客や既存顧客から契約を取るための「クロージング」に使われてきました。

　デジタルは、人間の営業担当ほど丁寧なおもてなしはできませんが、人間よりも大勢のユーザに自動で対応できます。**すでに購入意欲の高い顧客への説明や、人間の営業担当につなぐ前さばきの説明であれば、デジタルでも十分対応可能**です。人間の営業担当が説明するまでもない多くの顧客接点では、デジタルのほうが圧倒的にコストパフォーマンスに優れています。

　今までは営業担当の人数や工数が足りないがために、見て見ぬふりをしてきた契約見込みの低い顧客にまでデジタルで自動対応すれば、売上が増えることは言うまでもないでしょう。

DXとは既存のマーケティング手段を
デジタルに置換すること

　中間的なスペックを安価に提供できる「コストパフォーマンス」の高さ
を活かし、既存のマーケティング手段を根こそぎ置換していくことがデジ
タル活用の本質です。

　言い換えると、これがマーケティング領域におけるデジタルトランスフォ
ーメーション（DX）の定義です。デジタルを使って真新しいアイディアに飛
びつくだけでは、お金を持て余した経営者のお遊びに過ぎないのです。

　さらに付け加えると、市場環境や技術水準の変化により、デジタルで置
換すべき領域は時々刻々と変わっていきます。複雑な商品を売るなら人間
のほうが適していますし、広くあまねく人に認知を取るならTVCMのほう
が適しています。目的に応じて最適な手段を選択し続けることが求められ
ます。一度「デジタルトランスフォーメーション」してしまえば終わりなので
はなく、デジタルが当たり前の手段として選択・非選択されるようになるの
です。

　このChapterでは以降、デジタルが「コストカット」に強い理由を解説し
ていきます。

無料で無限に情報発信できる

もし、ビールメーカーの営業担当だったら?

　最初の強みは、「**ほぼ無料で無限に情報発信できる**」という点です。

　この特徴はほかの手段になく、デジタル固有のものです。デジタル空間上に情報をどれだけ掲載しようと、サーバ費用がTVCMの費用ほどかかることは絶対にありません。むしろ毎年サーバ費用は下がり続けており、もはや無視できる程度のコストです。例外的な、キャンペーンによる大量同時アクセス対応や、セキュリティの高度化などを除けば、サーバ費用が話題に上がることは稀でしょう。

　この強みを言い換えると、訪れるユーザの千差万別なニーズを満たせるだけの情報を網羅的に掲載すれば、すべてのユーザを満足させられるということです。

　Chapter1でお伝えした通り、様々な顔の見えないユーザが、各々の期待を持って接触してきますが、それらにすべて応えることも、掲載できる情報容量の観点からは可能です。

　まずこの強みを「人間」と比較してみましょう。当然ながら、人間が24時間365日、接客・営業し続けることは不可能です。

　例えば、あなたがビールメーカーの営業担当だとして、自社の生ビールサーバを入れてもらうために、飲食店に営業するとしましょう。

　最初に営業するのは、居酒屋チェーン店でしょう。全店舗一斉に生ビールサーバが入れば、売上へのインパクトは計り知れません。

　次に営業するのは、小規模な人気店でしょうか。導入してもらえれば事例にもなりますし、波及効果を期待できます。

それでも売上が足りなければ、あとは自分で歩いて回れる範囲で、しらみ潰しに飛び込み営業をかけるかもしれません。

　ここまでの営業活動でもかなり忙しいあなたは、果たして地方の店舗にまで通う余裕があるでしょうか？　もちろん地方まで行きさえすれば、地元で話題のやる気ある若い店主が導入してくれるかもしれません。しかしその次に訪れた古びた定食屋のおじいちゃん店主に捕まってしまい、世間話で一日を棒に振るかもしれません。

　これがデジタルを活用すれば、全国津々浦々、さらには世界中の飲食店にまで、一度も通うことなく情報を発信できます。若い店主と、おじいちゃん店主とでは、興味ジャンルが異なるでしょうから、別の情報を用意することになります。しかし、彼らがデジタルと接触する機会がある限りは、網を張ることができるのです。もちろん人間が通うよりは、生ビールサーバを導入してくれる確率は落ちますが、一方で地方まで通うコストを大幅に削減できるため、ビジネスとして成立する利益構造になりえるのです。

　人間には時間の制約がありますし、人件費に見合う成果を上げなくてはビジネスが成立しません。人間が時間をかけても、なお余りあるリターンを期待できるなら、それは人間の仕事です。大規模な居酒屋チェーン店は日本国内にそれほど多くありませんし、そこを狙うならデジタルの出番はなく、人間が足繁く通うべきなのです。

　つまり、**デジタルは人間が対応しても費用対効果が合わないような、大半のユーザを自動で接客することに強みを持つ**のです。費用対効果が合わないユーザとは、すぐには購入しない「潜在的なユーザ」、購入する商品の「単価が低いユーザ」、訪問が困難な「地方のユーザ」などです。

　「デジタル」から「人間」へのリレーも有効です。デジタル上だけで説得しきるのは難しいため、デジタル上でユーザを選別し、購買直前のユーザだけ「人間」に引き渡すという方針が現実的です。デジタルで「潜在的なユーザ」に接触し続け、「顕在化」した瞬間を検知して人間に引き渡す施策は、すでに普及しています（この施策をツールにしたものが「マーケティングオートメーション（MA）」と呼ばれています）。

図2-2 「人間による接客」と「デジタルによる接客」の比較

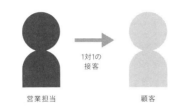

人間による接客

営業担当 → 1対1の接客 → 顧客

人間の営業担当は1対1の手厚い接客が得意である
手厚く対応できる一方で、数に限界があるため、売上に直結する顧客から優先して対応すべき

デジタルによる接客

無限に掲載できる情報

Web等 → 1対Nの接客 → 顧客

デジタルは1対Nの接客が得意である
人間の営業担当ほど柔軟な対応はできないが、24時間365日無制限に顧客の対応ができる
この強みは、ほぼ無料で無限に情報発信できるというデジタルの強みに由来する

TVCMよりデジタルのほうが
効率良く説得できる

　次はこの「無料で無限に情報発信できる」という強みを「TVCM」と比較してみましょう。自明ではありますが、TVCMで発信できる情報量はきわめて少ないです。

　TVCMで伝えられるのは「社名」「サービス名」「一言コピー」「音楽」「タレント」くらいのものです。説得しきるほどの情報量を盛り込めませんし、

内容をユーザ別に出し分けることもできません。

　TVCMが有効なのは、簡潔な情報を広くあまねく人に届けたいケースです。まだ一般的に知られていない新しいスマホゲーム、名前を覚えていれば購入確率の上がる大衆消費財などは、TVCMとの相性が良いでしょう。またTVCMの出稿量が多い商品は、慣習的にスーパーやコンビニで、目立つ棚に配置してもらえるので、これも間接的に売上に貢献します。

　これらを除くケースでは、デジタルのほうが効率良く説得できます。**「名前」の認知だけでなく、「商品の特徴」まで理解させたいなら、TVCMの出番は少なくなり、人間かデジタルに頼るしかないのです。**

　例外的に「インフォマーシャル」と呼ばれる数十秒から数十分間の長尺のTVCMで、商品についてくわしく解説して説得できるケースがあります。しかしこの枠は限られており、1回あたり数億円とかなり高価です。ほかにはめったにありませんが、一瞬で伝わるほど商品の強みが革新的なら、スポットのTVCMでも売れる可能性が十分あります。

「顔の見えないお客さん」が
「買いたくなるストーリー」を考える

　ここまでの解説で、デジタルの守備範囲がかなり広いことがわかったでしょう。ただここで思い出していただきたいのは、「デジタルの限界」でも解説した、デジタルの扱いの難しさです。

　いくら無限に情報を発信できるからといって、デジタルはユーザによる「セルフサービスチャネル」なので、ユーザにとって価値のない情報はどれだけたくさん載せても無視されます。情報量が多すぎると、かえってわかりづらくなり、説得に失敗することも多々あります。

　デジタルで説得すると決めた瞬間に、頭のモードを「顧客主導」に切り替える必要があります。

　まずは顔も見えないお客さんのことを想像しなければなりません。

　・お客さんは誰だろう？

・そのお客さんはどこにいるのだろう？
・そこで何を期待しているのだろう？
・何を伝えれば喜んでくれるだろう？
・さらに手伝えることはあるだろうか？
・自分は対価をもらった分の価値を出せるだろうか？

　お客さんを想像したら、次はそのユーザが自発的に自社の商品を「買いたくなるストーリー」を考えます。まずは手のひらサイズのメモ帳1枚程度のわずかな文章量で、じっくり読めば買いたくなるようなストーリーを用意します。

　次にそれをデジタル画面上で表現します。Webサイト、アプリ、メール、動画などそれぞれに適した形態を検討するのです。

　このように「顧客主導」でストーリーを紡ぐ仕事を、「**UIデザイン**」「**UXデザイン**」と呼びます。世のデザイナーの多くは、顧客を見ず、単に小綺麗なWebサイトを作る仕事に熱を上げていますが、それは「装飾作業」に過ぎません。「UXデザイン」の重要性が高まっているのは、このようにデジタルが「セルフサービスチャネル」だからにほかなりません。

　余談ですが「UXデザイナー」になりたいなら、まず経験すべきは「営業」職です。対面で物を売ったことがない人が、それよりもはるかに難しいデジタル上で物を売るという職業に就けるわけがありません。営業経験がなくても、デジタルならではのお作法を守っていれば、一定以上の成果は出せるでしょうが、本質的には「UXデザイナー」とは「顧客を知り続ける」仕事なのです。

ストックになり
半永久的に集客できる

デジタルは「ストック」の効果が大きい
マーケティング手段

マーケティングの手段には、「フロー」の効果と、「ストック」の効果があります。「**フロー**」の効果は、やり続けなければ集客が止まってしまうものを指します。「**ストック**」の効果は、一度作ればその後も半永久的に集客できるものを指します。一般的に「**フロー」の効果は即効性が高く、「ストック」の効果は中長期の費用対効果が高い**です（図2-3参照）。

TVCMは数億円かければすぐ数千万人に接触できますが、別の機会にまた数千万人に接触したい時は、追加で数億円がかかります。これは「フロー」の効果が大きいマーケティング手段です。

人間による接客も「フロー」の効果が大きい手段と言えます。在籍する限り給与を支払い続けなければなりません。時間が経てば成長し、パフォーマンスは上がりますが、その分昇給もします（流出の可能性もあります）。

これに対して**デジタルは、ほかの手段と比べ物にならないほど「ストック」の効果が大きいマーケティング手段**です。デジタル施策を地道に続ければ続けるほど、ストックが積み重なり、無料で半永久的に集客できるシステムが完成するのです。

デジタルの個別の集客手段を例にとって、いかに「ストック」の効果が大きいか、解説していきます。

図2-3 「フローの効果」と「ストックの効果」の比較

フローの効果

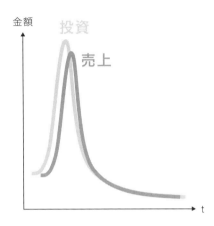

投資が、すぐに売上に反映される効果。逆に投資をやめれば、すぐに売上も落ちる

費用対効果を示しやすいのは強みだが、資金力さえあれば競合でも容易に真似できるのが弱みである

ストックの効果

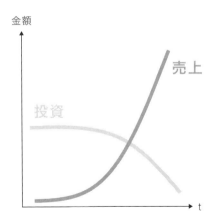

一度初期投資してしまえば、投資をやめても売上を維持できる効果

投資が売上に反映されるまでに時間はかかるが、その分競合から真似されづらく、企業の競争優位になりやすい

Webページの「ストック」効果

　まずGoogleなど検索エンジンから集客する場合の「ストック」の効果を説明します。検索エンジンから集客するには、よく検索されるキーワードを狙って、Webページを作る必要があります。

　そのキーワードを検索するユーザにとって、ドンピシャなWebページを作れば、Googleがそのページを高く評価し、検索順位が上がり、訪問数が増える仕組みです。

　検索するユーザの期待はキーワードによって異なるため、基本的に1キーワードに対して、1ページ用意する必要があります。言い換えると、Webページを増やせば、集客できる人数が増えるということです。

　例えば、月間1000回検索されるキーワードを狙って、1位に表示されれば平均して約20%の人がクリックするので、毎月200人を集客できます。同じようなWebページが100ページあれば毎月2万人を集客でき、1000ページあれば毎月20万人を集客できます。

　広告費に換算すると、ネット広告は1人集めるのに100円程度かかるので、2万人集客できるなら約200万円分の価値があると言えます。正しくWebページを100ページ作れば、年間2400万円分の広告枠を手にしていることと同義なのです（図2-4参照）。

　Webページは一度作ってしまえばなくならないので、これがまさに「ストック」になります。もちろん上位に表示されたページでも、競合の台頭、ユーザの変化、Googleの仕様変更などにより、順位が落ちてしまうことはあります。ただ正しく順位をチェックして運用すれば、半永久的に集客できます。

　さらに質の高いWebページを増やしていくと、Googleに「権威性」「専門性」の高いサイトだと認定してもらえます。サイト全体の評価が高まれば、個別のキーワードを狙ったWebページの順位が一斉に上がります。**Googleから獲得した信頼も「ストック」の1つ**だと言えます。

図2-4 Webページの「ストック」効果

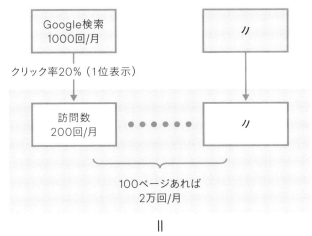

Webページを大量に作るのは手間も時間もかかります。**即効性はまったくありませんが、こうした「コンテンツ作り」に地道に投資していけば、中長期で見ると費用対効果の高い集客メディアが手に入る**のです。

Web広告の「ストック」効果

次にWeb広告の「ストック」効果を説明します。Web広告はTVCM同様に「フロー」効果のほうが大きい手段です。お金を払えばすぐに集客できますが、出稿金額を抑えれば集客も減ります。しかし**Webには「Cookie（クッキー）」という仕組みがあり、これがWeb広告の「ストック」**になります。

Cookieを使えば、一度Webサイトに訪問したユーザを覚えることができます。この仕組みを使って、一度訪問した見込み客にだけ再度広告を出せます。この広告の仕組みを**「リターゲティング」**と呼びます。例えば、ECのカートに商品を入れたものの、そのまま買わずに離脱してしまった人にだけ広告を出すこともできます。

Web広告自体は止めれば終わりですが、**過去にWebサイトに訪れた
ユーザの行動履歴が「ストック」になり、広告のターゲティング精度を高
められる**のです（図2-5参照）。

　ただし、このCookieは、個人情報保護の観点から、今後ユーザの同
意なしに使えなくなる可能性が高い技術です。Cookieを用いて個人情報
を露骨に悪用するような施策は、企業の信頼を損なうリスクがあるうえ、
中長期ではビジネスの柱になりえません。マス広告と比べれば、「ストック」
効果をやや期待できる程度の認識でいるほうが良いでしょう。

メール、SNS、アプリのストック効果

　最後に、**メール、SNS、アプリなどは、わかりやすく「ストック」効果
の高い集客手段**です。正しく運用を継続すれば、いつでも無料で接触で
きるユーザ数が増えていきます。

　メールアドレスを1万件持っていれば、配信したうち約5％がクリックした
として、500人集客できます。毎日メールを送れば、月間1万5000人を集
客できます。広告費に換算すると、ネット広告は1人集めるのに100円程
度かかるので、1万5000人を集客できるなら約150万円分の価値がある
と言えます。つまり、1万件のメールアドレスを持っていれば、年間1800
万円分の広告枠を手にしていることと同義です（図2-6参照）。

　Twitterはフォロワーが1万人いれば、1投稿あたり約2000人に届き、
毎日5回つぶやけば、月間で延べ30万人の目に触れます。LINE、
Instagram、FacebookなどほかのSNSも、アプリも同様ですが、**無料で
いつでも接触できるユーザを「ストック」化できます**。

図2-5　Web広告の「ストック」効果

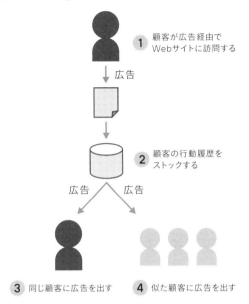

① 顧客が広告経由で
　Webサイトに訪問する

広告

② 顧客の行動履歴を
　ストックする

広告　　　広告

③ 同じ顧客に広告を出す　④ 似た顧客に広告を出す

図2-6　メールの「ストック」効果

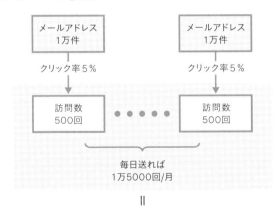

メールアドレス
1万件

メールアドレス
1万件

クリック率5%

クリック率5%

訪問数
500回

訪問数
500回

毎日送れば
1万5000回/月

‖

広告費換算で1800万円/年

（訪問1万5000回×クリック単価100円×12ヶ月）

地道に継続できれば
低コストで集客できる

このようにデジタルは「ストック」化に強みがあるため、地道に継続できれば、きわめて低いコストで集客できます。

少し引いた目で見ると、デジタルの登場により「メディアが民主化」したと言えます。デジタルが登場する前は、テレビ・新聞・ラジオなどメディアは一部の企業に牛耳られており、個別の企業はこれらのメディアに頼るしか選択肢がありませんでした。

しかし、**デジタルの登場により、零細企業でも個人でも、自らメディアを持てる時代が到来**したのです。低コストで簡単に情報発信できるツールや仕組みが多数生まれたのは、言うまでもありません。

さらに**デジタル世界は「顧客主導」なので、大企業が発信しているかどうかはまったく関係なく、顧客に価値を提供しているかどうかで勝負が決まります。**

お金も、人も、時間もない零細企業であっても、デジタル世界では大企業と対等な勝負ができます。逆に大企業は、過去の栄光にすがることなく、「顧客主導」の価値観に素早く切り替え、顧客への価値提供に全力を出さなければ、足元をすくわれる可能性が非常に高いでしょう。

「ストック」を作る時に意識しなければならないのは、中長期の費用対効果です。「ストック」施策は短期での成果が出にくいため、投資の意思決定が困難です。施策を始める前に、どれだけのリターンを見込めるか、ここで紹介したような計算をして、必ずシミュレーションすべきです。

幸いデジタル施策はデータを集めやすいため、事前にどの程度のリターンがあるか、かなり細かく計算できます。大雑把にでも試算をしておけば、少なくとも桁数を間違えるようなことはなくなり、大失敗を事前に回避できるでしょう。

大量のリアルタイムデータが無料で集まる

デジタルの強みは「データが取れること」ではない

デジタルの強みはデータが取れることだと考える方も多いでしょう。

しかし厳密に言えば、これは誤りです。データは、デジタルがない時代でも取ることができたからです。例えば、アンケートでTVCMの効果を検証できましたし、インタビューで商品開発のインプットを得られました。

より適切に表現するなら、**デジタルで取れるデータの強みは、「大量」かつ「リアルタイム」なデータを無料で入手できる点**です。

「大量データ」でアンケートのコストカットを実現する

まず、**「大量」にデータが集まるため、素人でもリサーチができるようになりました。**

従来のアンケートでは、回答者数を増やすことが難しく、数百人の回答結果から、ターゲットユーザ全体の回答を推測する必要がありました。正しくターゲットユーザ全体を推測するには、リサーチの「専門知識」を持つ人が、市場のミニチュア版となるようなアンケート回答者を集めなければなりません。予備調査であらかじめ年齢、性別、年収などのスクリーニングを行ない、適切な配分でアンケート対象者を絞り込む作業は、専門業者に依頼せざるをえず、頻繁には実施できませんでした。

そこにデジタルが登場したことにより、数千人、数万人の行動データが無料で手に入るようになりました。Webサイトやアプリにアンケートを常設し

ておけば、回答結果を大量に得ることができます。回答人数が多ければ、その内訳は市場全体に近似していくため、予備調査なしでも精度の高い回答が得られます。実際に、専門業者による予備調査を経た数百人へのアンケート結果と、Webサイトで数万人に聞いたアンケート結果は、きわめて近いデータになります。

デジタルのデータは、アンケートの「コストカット」を実現しました。今までは大きな意思決定をするために、年1回しか行なっていなかったアンケートが、無料で毎日行なえるようになりました。**どんな小さい施策でも簡単に効果検証できるため、PDCAの速度が上がり、成果が出やすくなった**のです。

しかしこれには弊害もあります。**細かくデータが見えすぎるため、見なくても良いデータまで気になってしまう**のです。

アンケートのコストが高かった時代は、経営や売上に大きな影響を及ぼす、本当に重い意思決定に限ってリサーチをかけていました。**本来、意思決定を迷うレベルの施策でなければ、過剰にリサーチする必要がありません。**

デジタルによって簡単にデータが見えるために、売上への影響がほとんどないような細かい施策までデータで検証し、説明させられる文化が根づきつつある企業も増えています。

デジタルは「コストカット」が目的です。それにもかかわらず「データを見る」という何の売上も作らない無駄な仕事を増やし、コストを増大させる風潮は断固として否定しなければなりません。

データを見ても良いのは、「仮説の正しさを確認する時」「ユーザ数が多い領域を変更する時」「大きな変化があった時」くらいです。いずれにせよ、データは何か知りたい事実があって見るものです。何の考えもなく、ゼロからデータに向き合って何かを発見しようとする試みは、時間を無駄にするだけでなく、デジタルの本質を冒涜する行為です。

図2-7 「従来のアンケート」と「自社Webアンケート」の比較

	専門知識	費用	頻度
従来のアンケート	必要	高額	年1回
自社 Web アンケート	不要	無料	毎日〜

「リアルタイム」のデータで 早めの変化対応ができるように

　次に「リアルタイム」にデータが集まることで、時系列の変化を捉えやすくなりました。年1回のアンケートではわからないような変化に気づき対応できます。

　例えば、新型コロナウィルス感染症が流行して景気が悪化すれば、ユーザの行動は変化するはずです。前回のアンケート結果は役に立たなくなるかもしれません。デジタルであれば、何もしなくても時系列のデータが集まってくるため、外部環境の変化にもいち早く気づけます。

　さらに大量でリアルタイムなデータは、AIとの相性も最高です。顧客の行動データから、リアルタイムにリコメンドできます。データ量が多いほど学習が進み、リコメンドの精度は高まります。

データはデジタル施策の改善だけでなく オフライン施策にも活用できる

　デジタルで取得したデータは、デジタル施策の改善のみならず、当然オフラインの施策にも活用できます。

　例えば、メーカーの商品開発プロセスは、デジタルデータで大きく変わろうとしています。あるアパレルメーカーは、これまで年2回しか商品を作っておらず、それが売れるかどうかは直感に委ねられていました。

それがメーカー直販のECを始めたことで、今ではどのような商品に需要があるのかをリアルタイムで把握できます。試しに小ロットで新商品を作り、ECに掲載してみれば、今の売れ筋がわかります。デジタルのデータを使えば、低いリスクでヒット商品を生み出すことができるのです。

　紙媒体のメディアも、デジタル化によってデータの恩恵を受けています。雑誌や新聞は、今までどの記事が人気なのかほとんど把握できずにいました。デジタル化により、毎日どの記事が人気で、どの記事が会員登録に貢献するのかすべてわかるようになり、経験や勘に頼らない科学的なPDCAが回るようになりました。

　しかしこれには弊害もあり、読者に迎合するあまり、過度に民衆を煽る表現や、気持ちを暗くする事件の報道などに傾倒するメディアも少なくありません。ほかのビジネスにも言えることですが、データによるユーザ理解はきわめて重要ですが、会社のビジョンや倫理を失っては元も子もないでしょう。

　デジタルが登場するまで、顧客と直接接点を持つことが難しかったメーカー企業などは、今後データ活用によるビジネス改革の余地がたくさん残されています。

　デジタルマーケティングを担当すると、デジタル経由の売上を増やすことばかりに傾倒しがちです。しかし、**デジタルは大量のユーザと簡単に接触できるという強みがあり、これはオフライン施策を含む経営全般に重要なインプットをもたらします。**

　特に元々直接顧客と接触していなかった企業や部署は、無理にデジタルで直販することを考えるよりも先に、**顧客との接点としてデジタルを活用することからスタートすると良い**でしょう。

図2-8 リアルタイムデータ活用のメリット

時系列の変化に気づける

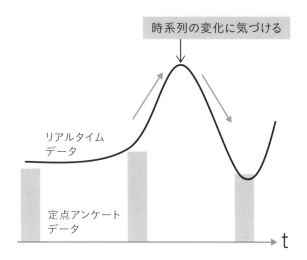

顧客から直接フィードバックを受けられる

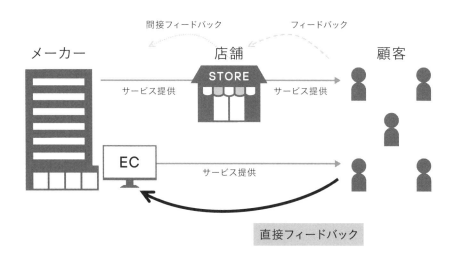

Chapter 2　まとめ

デジタルは、人間の接客力と、TVCMの集客力を併せ持つ中間的な媒体であることに加えて、「安い」という最大の強みを持つ

中間的なスペックを安価に提供できる「コストパフォーマンス」の高さを活かし、既存のマーケティング手段を根こそぎ置換していくことがデジタル活用の本質である。これはマーケティングにおけるDX（デジタル・トランスフォーメーション）の定義でもある

デジタルは無料で無限に情報発信できるため、接触するユーザが多様なニーズを持っていたとしても、理論上そのすべてに無制限に対応できる。しかしデジタルでユーザを説得する難易度は高く、頭のモードを「顧客主導」に切り替えなければならない

デジタルは、ほかの手段と比べ物にならないほど「ストック」の効果が大きい。地道に続ければ続けるほど、無料で半永久的に集客できるシステムが完成する

デジタルで取れるデータの強みは、「大量」かつ「リアルタイム」なデータを無料で入手できる点にある。これによって素人でもリサーチできるようになり、かつ解像度の高い時系列の変化まで追えるようになった

Chapter 3

なぜ、デジタルは
無駄な仕事が
増えやすいのか？

デジタル関連部署の局所最適化が
「無駄な仕事」を生み出す

デジタルという手段にとらわれた
「局所最適」

　Chapter2で述べた通り、デジタルには、「コストパフォーマンス」の高さを活かせば、既存の非効率なマーケティング手段を根こそぎ置換できるポテンシャルがあります。

　しかし、**間違った方法でデジタルを使えば、「無駄な仕事」が発生して、時間とコストを浪費してしまい、ほかのマーケティング手段よりもむしろ非効率になる**恐れがあります。

　コストを浪費する最大の原因は、デジタルという手段だけにとらわれた「局所最適化」の横行です。デジタルを活用するなら、マーケティング活動全体を俯瞰し、コストカットできる領域を代替していかなければなりません。デジタルを使うことだけに集中していては、枝葉末節にとらわれ、必要のない投資を垂れ流してしまうのです。

　局所最適化は、「デジタル」という名前のつく隔離部署の奮闘によってはびこります。「デジタル統括部」「DX推進部」「CDO（Chief Digital Officer）」など、デジタルという手段を押しつけられたが最後、所属メンバーは局所最適化に全力で突き進みます。

　デジタルという手段に縛られ、ビジネスモデルを変革しろというお題を渡されたものの、大した権限も渡されていません。そんな状況で、みなさんなら何を始めるでしょうか？

図3-1 デジタルで無駄な仕事が増えやすい理由

1 局所最適化の横行
コストを浪費する最大の原因は、デジタルという手段にとらわれた「局所最適化」の横行にある。「デジタルの部署」内だけで仕事を完結してはならない

2 「重箱の隅をつつく」細かい仕事
「重箱の隅をつつく」細かい仕事が増えるのは、デジタルの特性によるものである。権限を持つ人が、日常的に仕事を捨てなければならない

3 ユーザ不在で「自己満足」を追求する仕事
「自己満足」を追求する仕事は、定期的なユーザ調査で根絶できる。一点注意すべきは、経営者を含む意思決定者を調査に同席させることである

　例えば、メーカーや商社なら、喧々諤々の議論がなされた果てに、どこにでもありそうな「ECサイト」を始めるのが通例です。しかし後発のうえ、ビジネスとして育て上げる覚悟も足りないため、1年もすれば誰も話題にしたがらない負の遺産に成り果てるのです。

　一方、ECで直販できる商品がない企業では、喧々諤々の議論がなされた果てに、どこにでもありそうな「メディア」を始めます。しかし、企業のコンプライアンスチェックが厳しく、ユーザが面白いと思うような攻めた記事は書けないため、当然誰も見に来ません。人が来なければ、部署の威信を守るため、広告で集客せざるをえません。広告を出し続け、記事も書き続けなければならないという、コストだけを浪費する「ゾンビサイト」に成り果てるのです。

　どちらの例も、中世ヨーロッパの為政者が「魔女」を弾圧したように、経営者がデジタルをよくわからないものだと恐れ、「デジタル」を一括りにしてデジタル関連部署に丸投げしたことが諸悪の根源なのです。

デジタル活用は、「デジタルの部署」内で完結せず、組織を横断した調整が必要になる重たい仕事がほとんどです。**経営のトップがデジタルを理解して全体調整するか、デジタルを知る現場が複数の部署を巻き込んで改革するかしかありません。**

　仮にこうした問題が解決し、デジタル活用の「全体最適化」が推進されていてもなお、コストを浪費する要因となる仕事が2つあります。
　それは、「重箱の隅をつつく細かい仕事」と「ユーザ不在で自己満足の仕事」です。デジタルの特性上、こうした仕事がすぐにはびこります。
　デジタルに関わる人は、いつも「忙しい」業務を抱えていますが、結論から言うと、これらの仕事の大半はやらなくても良いことがほとんどです。次項からは、この「忙しい」と呼ばれる業務にメスを入れていきます。

「細かい仕事」が増える
3つの理由

なぜ成果を期待できない
「細かい仕事」が増えるのか？

　デジタルに関わる人たちの時間を奪う仕事は「重箱の隅をつつく」細かい仕事です。例えば、ほとんど誰も見ていないWebページの改善、ボタンの色を少し変えるだけのPDCA、ロングテールの検索順位変動に一喜一憂するSEO施策など枚挙に暇がありません。

　言うまでもなく、これらの仕事がビジネス成果に与える影響は非常に限定的です。売上が増えることも、コストが減ることもほとんどないでしょう。それにもかかわらず、デジタルに関わる大半の人達の主業務は、こうした仕事なのです。

　「重箱の隅をつつく」細かい仕事が増える要因となるデジタルの特質を3つ紹介します。

　1つめは、**「顧客接点の数が多い」**ことです。

　デジタルは「ストック」になるのが強みだと話しましたが、時間が経っても過去の施策は消えずに運用対象として残り続けます。TVCMのように作って放送して終わりということにはなりません。

　一度始めたデジタル施策は、誰かがやめると宣言しない限り、永遠に終わりません。成果の出ない施策を惰性で更新し続ける担当者が、ゾンビのように増殖していくのです。**定期的に振り返りの機会を設けて、効果のない仕事はやめるか手を抜くかを意思決定する**必要があります。

　一度作った仕事をやめさせるのはマネジャーの仕事です。もちろん現場

からも意味のない仕事ならやめるように積極的に上申すべきですが、全体が見えているマネジャーの責任と権限でやめるほうが効率的です。何のためにやっているのかわからない仕事を惰性で続けるのは、誰にとっても不幸せなことです。

2つめは、**「全世界に常時公開している」**ことです。

「重箱の隅」とはいえ、誰でもいつでもアクセスできる状態にあるものです。公式サイトの中にあれば、どこからもリンクを張っていないページだとしても、ブラウザ上に表示されないソースコードだとしても、会社が正式に発信している情報だと認識されます。

潔癖症のように対応するならば、いくら時間があっても絶対に足りません。デジタルは「運用」される媒体であり、完璧な状態を維持することは不可能です。

運用上のリスクは「管理」するものであり、「排除」することは決してできません。**完璧を目指すのではなく、適切に手を抜いて「管理」すれば良い**のです。

年間100人しか見ないページなら、多少古い情報があっても大きな影響は出ないでしょう。ただしそのページの情報が、人の生死を左右したり、巨額の損得を生んだりするなら、当然速やかに対応しなければなりません。基本的には、**閲覧しているユーザ数の多さと、そのページの持つ責任の重さから、対応優先度を決めれば良い**でしょう。

3つめに、**「簡単にデータが集まりすぎる」**ことです。

デジタルは簡単にデータが集まるため、0.1%増加でも0.01%増加でも、「増加」という結果が明らかになります。たとえそれが誤差でも、増加したという事実を「作り上げる」ことができてしまうのです。このようにデータが見えすぎてしまう特質によって、多くの人が「仕事した感」にばかりとらわれてしまっているのです。

どんな仕事にも共通することですが、人間は弱いので簡単で達成感のある仕事に流されます。自分の責任範囲で触れるWebサイトのわずかな

改善を、いかにも重要な仕事をしたかのように誇張して報告します。どれだけ改善したとしても1-2%しか伸びない誤差のような施策でも、「最新のツール」や「いかしたデザイン」を駆使して大きな成果のようにプレゼンテーションするのです。

　デジタルによって解像度の高いデータを簡単に扱えるようになったことは素晴らしい進歩ですが、手段を目的化してはなりません。**あくまで売上なりコストなりの増減を目的として、それらの原因を探るために解像度の高いデータを見るべきです。**KGI（重要目標達成指標）である売上やコストへの影響がほとんどない、重箱の隅をつつくようなKPI（重要業績評価指標）を数%改善したところで、そんな仕事に価値はないのです。

　このように、デジタルの特性から「重箱の隅をつつく」仕事は増え続けます。権限を持つ人が中心となり、強い意志を持って、日常的に仕事を捨てていかなければなりません。さもなければ、ビジネス成果を生み出さない人が増え、モチベーションは減衰し、組織は腐っていきます。

　仕事を捨てる方法にも色々な選択肢があります。すべてやめる、部分的に手を抜く、若手に渡す、外注する、システムで自動化する、など様々な方法を模索しましょう。「時間がない」という言い訳は、口にするのもはばかられるくらい、無駄な仕事を捨てられる職場環境を作りたいものです。

今すぐやめるべき
「重箱の隅をつつく」仕事

　ここから、よくある「重箱の隅をつつく」仕事の例をいくつか紹介しますので、仕事を捨てるきっかけにしていただけますと幸いです。

ABテストの「仕事した感」に酔う

　「ABテスト」とは、WebページなどでA案とB案の2種類をつくり、ランダムに振り分けて、成果の出るほうを明らかにする調査手法です。この調査手法自体は、デジタルによって生まれた優れた技術です。

　しかし、前項で述べた通り、「データが簡単に見えすぎる」ことで、細かすぎるABテストが横行し、「仕事した感」の温床になっています。

　赤いボタンと青いボタンのどっちが良いかなど、ABテストをしたところでまったく差が出ません。万一差が出たとしても、片方の案を本番リリースした直後に成果が落ちることは日常茶飯事です。変更箇所以外にも様々な外部要因があり、科学の実験のような検証はどのみち不可能です。

　さらに、ユーザ数の少ないページでのABテストも無意味です。よほど大きな差が出ない限り、いつまでも決着がつきません。デジタルはいくらでも直せますし、いつでも元に戻せるため、ABテストなどせずにすぐに変更してしまえば良いのです。万一悪くなれば元に戻せば良いのですから。いつまでもだらだらとABテストを続けることは、機会損失にほかなりません。

　ABテストは、ユーザ数が非常に多く決着がすぐにつく領域か、わずかな変更でもクレームや損害につながる影響力の大きい変更か、この2つのケースでのみ利用すべきです。それ以外の効果検証は、まず変更してからの前後比較で十分です。

SEOに一喜一憂する

「SEO」とは、Google などの検索エンジンで上位表示させるための技術です。SEO 自体は非常に重要なテクニックですし、これを無視したデジタル活用は不可能です。

しかし、しばしば SEO の順位変動に一喜一憂するあまり、時間を無駄にしているケースを見かけます。検索回数の多いキーワードで、検索順位が1位なのか2位なのかは、売上に大きな影響があるでしょう。一方で、検索回数の少ないワードや、10位以下の順位変動など、ビジネスに何の影響も及ぼしません。「順位」というわかりやすい指標にとらわれすぎるがゆえに、無駄な仕事が増えてしまうのです。

SEOの本質は、検索したユーザが求める情報を提供することです。誰も文句が言えないほどに価値のあるコンテンツを作れば、自然に検索順位は上がります。それを日々の小さな順位変動に一喜一憂し、リンクの張り方や、タイトルの文言などを調整することに何の価値があるのでしょうか。Google のアルゴリズムは日々変動しますし、そんな外部要因に細かく対応する暇があれば、コンテンツを作ることに時間を使うべきです。

一般的なビジネスでは、テクニカルな SEO は、成果に大きく影響する重要なキーワードに絞るのが基本です。例外的に、ポータルサイトなど、ロングテール SEO が成果に大きく影響するビジネスでは、テクニカルな SEO が主業務になるケースもあります。

印刷してチェックしないと気が済まない

デジタル媒体である Web サイトやアプリを、紙に印刷して何度も精緻にチェックするという業務フローが残る企業が未だにあります。パッケージやカタログなどの印刷物をチェックするフローの名残なのでしょう。

しかし、デジタルは「運用」する媒体なので、ある環境下のある瞬間を切り取って何度も精緻にチェックする行為に、何の意味もありません。

デジタル媒体は、ユーザの様々な環境で閲覧されます。PC の画面サイ

ズは無数に存在し、ブラウザも様々で、ウィンドウサイズも可変です。さらにスマートフォンも様々な機種とOSが混在している状況です。ある特定の環境下で印刷した紙に、文字改行や画像サイズについて指摘する様はあまりにも滑稽です。

　ある施策をリリースする瞬間は印刷してダブルチェック・トリプルチェックをかけるわりに、リリース後は担当者の一存で「運用」変更されることがしばしばあります。**リリース前だけ印刷して赤入れするくらいなら、リスク管理に責任を持つ数名の担当者が、日々ブラウザでチェックするほうがよほど生産的**でしょう。

アトリビューションを言い訳に使う

「**アトリビューション**」とは、ゴールに到達するまでに接触した複数の媒体を評価するという考え方です。

　例えば、何かECサイトで商品を購入するまでに、1回めはYahoo!の広告から訪れて離脱し、2回めはGoogleの検索広告から訪れて離脱し、3回めはTwitterの投稿から訪れてそのまま購入したユーザがいた場合に、最後のTwitterだけでなく1回めのYahoo!と2回めのGoogleまで評価するという考え方です。主に広告の効果測定で用いられる概念ですが、広告以外の媒体も評価できます。

　確かにユーザは、ゴールに到達するまでに様々な媒体に触れますので、的を射た概念だと言えます。

　一方で、この概念は、もっぱら成果の出ない広告の言い訳材料によく使われます。通常、広告はゴール到達の直前にクリックされた回数で評価されます。この評価が悪い場合、もしかするとゴール到達した時よりも前に効いていたかもしれない、実は認知効果があったかもしれない、という淡い期待を抱き、アトリビューションを持ち出すのです。

　しかし、アトリビューションを言い訳にすることはできません。むしろ認知効果がないことを白日の下に晒すことになります。

　私は数百サイト分のアトリビューションを分析した経験がありますが、ゴ

ール直前に効かない広告が、それより前の認知に効いていたというケースを見たことがありません。逆にゴール直前に効く広告は、認知効果も大きいことがわかっています。

　みなさんもユーザとして振り返っていただければわかりますが、1週間以内にクリックした広告を1つでも覚えているでしょうか？　クリックしてその時に買わなかった商品を思い出して、後日検索し直して購入した経験があるでしょうか？　おそらくそのような経験はほとんどないでしょう。仮にあったとしても、1回めの広告クリック時点で相当買いたいと思っているはずです。1回めで購入がほとんど発生しないのに、あとから戻ってくるなんてことはありえないのです。

　このようにほとんど無意味な分析にもかかわらず、アトリビューションの集計には膨大な時間がかかります。細かく分析するなら、専用のツールを導入する必要もあります。これほど無駄な仕事はほかに類を見ません。

ユーザ不在の「自己満足」の仕事は捨てる

企業視点の「自己満足」は百害あって一利なし

デジタルに関わる人たちは、ユーザ不在で「自己満足」を追求する仕事にも時間を奪われます。「自己満足」を追求する仕事は、デジタル以外にも様々な業務で発生していますが、**デジタルは特に「顧客主導」ですから、企業視点の「自己満足」は百害あって一利なし**なのです。

最近はさすがに減りましたが、斬新すぎるデザインのために、ユーザが目的のページに一切たどり着けないWebサイトなどは典型例でしょう。ユーザは「斬新さ」など一切求めておらず、目的のテキスト情報が読めればそれで満足なのです。

ユーザ不在の「自己満足」は、定期的なユーザ調査で根絶できます。注意すべきは、経営者を含む意思決定者を調査に同席させることです。「自己満足」の多くは、ビジョンやブランドなど、経営レベルの論点を会社都合で検討した産物です。経営者や事業責任者がユーザを理解していなければ、現場は永久に無価値な仕事に振り回されるのです。

この項目でも、「自己満足」に走りやすい危険な業務の例を紹介します。

Webサイトリニューアルで「変わった感」を求める

Webサイトリニューアルは、数百万円から数千万円のコストがかかりますが、壮大な自己満足に陥りやすいイベントのため注意が必要です。よく

聞くのがリニューアル前後で「変わった感」を出したいという、企業側の意見です。これは毎日自分たちのWebサイトを眺めている企業担当者ならではの、独りよがりな意見の典型例でしょう。

当然ながら**ユーザは「変わった感」など一切興味がありません**。

試しにリニューアル直後にアンケートを取ればわかりますが、ユーザは抜本的にデザインを刷新してもほとんど気づきません。リピーターの多いECサイトなどであれば気づく可能性もありますが、どちらかと言えばネガティブな反応になりがちです。使い慣れたUIが破壊され、斬新さやトレンドを追求した「オシャレ」なWebサイトはユーザの離反すら招きます。

再三述べている通り、ユーザが興味を持つのはコンテンツのみです。**目的のテキスト情報や画像情報さえ見つかれば良いので、それ以外のデザイン要素には目もくれません**。むしろデザイン要素など一切気にすることなく、スムーズに目的地に到達できるデザインこそが目指すべき理想です。もちろんあまりに古臭いデザインでは、企業としての信頼を失いかねませんが、**最低限のビジュアルさえ担保できていれば問題ない**でしょう。

「全ページデザイン統一」も無駄

Webサイトリニューアル時には「全ページデザイン統一」という、ユーザ不在の無駄な作業が発生することがあります。せっかくWebサイトのデザインを変えるからには、全ページ新しいトーンでそろえたいという、まさに「自己満足」以外の何物でもない作業です。

これは先述した「重箱の隅をつつく」仕事とも重複します。デジタルは「運用」業務ですので、**デザインのバリエーションが時間の経過とともに多様化していくのは止められません**。全力で成果を出そうと新しい取り組みにチャレンジし続けるならば、ガイドラインを整備しようが、CMSを導入しようが、**古臭いデザインルールなど守れるはずがない**のです。

Webサイトリニューアルという機会に、全ページデザインを統一したところでどんな意味があるのでしょうか。

古いページはそのままに放置すれば良いのです。古いページは、でき

る限り削除すべきではありません。デジタル媒体はストックであり、わずかな訪問しかない古いページでも、資産であることに変わりないからです。**どうしてもデザインが気になるなら、ヘッダとフッタだけ差し替えれば十分**です。

　無駄なリニューアルによって、優良なコンテンツがバッサリ捨てられてしまい、その結果訪問者数が激減してしまうという大惨事を何度も見てきました。長年積み重ねて作られてきたコンテンツは紛れもなく価値ある「ストック」であり、自己満足のために失って良いものでは決してないのです。

「Webサイトでブランディング」も無駄

　こうした無駄なデザインの話をすると、必ず「ブランディング」の議論を持ち出す人がいます。しかし、Webサイトのデザイン程度で「ブランド」に影響を与えることはできません（43 ページ参照）。

　まずブランドを作るのは、強烈なビジョンに基づく「コンテンツ（文字や写真）」です。ビジョンなき小手先のデザインで「ブランド」が作られることもなければ、逆に失われることもありません。先鋭的なアートを得意とする企業が、ビジョンに基づき強烈なデザインをリリースするなら、それはデザインそのものがコンテンツになります。しかし通常の企業の Web サイトでそんなことは起こりえないでしょう。

　何かと「ブランド」という隠れ蓑を持ち出し、議論をうやむやにする行為は断罪されるべきです。もし「ブランド」という言葉を使いたいなら、まずはビジョンレベルで狂気とも言える指針を作り、誰もがひと目見て驚くレベルのコンテンツを作り上げてからにして欲しいものです。

「ポエムに命をかける」のも無駄

　商品紹介の一番目立つ見出しに、全身全霊の「ポエム」を掲載しているケースは、まさにユーザ不在の「自己満足」と言えるでしょう（46 ページ参照）。

英語、カタカナ、専門用語、独自用語などを組み合わせ、ユーザがひと目見ても何のことかわからないコピーをでかでかと掲げても、まったく意味がありません。

こうしたポエムほど、恐ろしいほど時間をかけ、会議を重ねに重ねて、高額なブランディングコンサルタントに相談して、その結果として爆誕しているのですから目も当てられません。

繰り返しになりますが、デジタルのユーザは自分の見たいものしか見ません。「ポエム」など読んでもらえる可能性は皆無なのです。平易な言葉でユーザの期待に応える端的なセンテンス以外に、見出しに載せるべき言葉など存在しないのです。

「データから宝物を見つける」は
手段が目的化している悪例

先述しましたが、「データだけ渡すので、そこから何か面白い発見をしてください」という仕事は絶対に成立しません。まずAとBの相関関係がわかっても、因果関係まではわかりません。さらに、そもそも渡されたデータが恣意的に選ばれたデータであり、実はまだ見ぬ「C」というデータがAを伸ばすために不可欠の因子かもしれません。

データはあくまで仮説を検証するための「手段」に過ぎません。データから宝物を見つけるという行為は、「手段」を目的化してしまっている悪例と言えるでしょう。**まずは定性的にでもユーザを理解し、そのうえで定量的に証明するために、必要なデータをそろえて分析すれば良いのです。**

あるいは「宝物」を見つけることを放棄し、分析から改善まですべてをAIに任せるという手法ならありえます。ただしこの手法は、大量にデータを準備でき、かつ正解が明確なケースにしか使えません。

Chapter 3　まとめ

 間違った方法でデジタルを活用しようとすれば、コストを浪費してしまい、ほかのマーケティング手段よりもむしろ非効率になる

 コストを浪費する最大の原因は、デジタルという手段だけにとらわれた「局所最適化」の横行にある

 デジタル活用は、「デジタルの部署」内で完結せず、組織調整が必要な重たい仕事が大半である。経営のトップがデジタルを理解して全体調整するか、デジタルを知る現場が複数の部署を巻き込んで改革するかしかない

 さらにデジタルに関わる人たちの時間を奪うのは「重箱の隅をつつく」細かい仕事と、ユーザ不在で「自己満足」を追求する仕事である

 「重箱の隅をつつく」細かい仕事が増えるのは、デジタルの特性によるものである。権限を持つ人が中心となり、強い意志を持って、日常的に仕事を捨てていかなければならない

 ユーザ不在で「自己満足」を追求する仕事は、定期的なユーザ調査で根絶できる。注意すべきは、経営者を含む意思決定者を調査に同席させることである

Part 2

デジタルの定石を理解する

Chapter 4

あなたは顧客に
毎年
会っているか？

「顧客重視」では生き残れない 「顧客主導」の時代

「顧客重視」から一歩進んだ 「顧客主導」を

Part1ではマーケティングで活用するための「デジタルの特性」について解説しました。「顧客主導」で考える必要性が高いことをご理解いただけたかと思います。

しかし、「顧客」の重要性など、古くは近江商人の「三方よし」の時代から言われ続けていることです。「そんなこと言われなくてもわかっているよ」と思う読者も多いのではないでしょうか?

実際、古くから「顧客」に関する経営理念や行動指針を掲げる企業は数多くあります。実際に、日本の時価総額上位企業を見ても、「顧客」に関する言及がない企業のほうが少ないでしょう。

例えば、トヨタ自動車は「世界中のお客様のご要望にお応えする」、NTTドコモは「お客様に心から満足していただける」という言葉が企業理念の文中に掲げられています。

こうした「顧客重視」の考え方は広く普及しています。例えば「3C分析」は、「Company(自社)」「Competitor(競合)」「Customer(顧客)」の3つを並列に重視するフレームワークです。この分析は企業や事業の理解を深めるために優れたツールであり、顧客重視の考え方を牽引した発明の1つですが、マーケティングに用いてはなりません。マーケティングでは、顧客を一番に考えなければならないからです。

しかし、開発された商品ありきで誰に売れるかを考えたり、競合との価格競争ばかりに明け暮れたり、TVCMの賞を獲得するために斬新なクリ

エイティブや話題性のあるタレントを起用したり、「顧客以外のこと」を一番に考えて仕事した経験が誰しもあるはずです。「顧客重視」を貫くエリートビジネスパーソンならば、こうした顧客が忘れ去られた仕事を進める際にも、あとづけで「ターゲットユーザ」を解説するプレゼンテーション資料をもっともらしく添えるのでしょう。

　本書でいう**「顧客主導」とは、何よりも「一番」に優先して顧客を主語に考える企業姿勢**です。自社や競合よりも、商品や価格や販促よりも、マーケティングの様々な活動の中で「顧客理解」が最も優先されます。

　デジタルを活用するならば、まず「顧客重視」ではなく、「顧客主導」に思想を切り替えなければなりません。デジタルの浸透によって昔のように企業が顧客を操作できなくなったからです。この事実を受け入れ、**思い通りにならない生の「顧客」を直視することから「顧客主導」が始まる**のです。

　そもそもマーケティングとは、「顧客主導」で考えるための方法論でした。例えば、ピーター・ドラッカーは、マーケティングが目指すものは、顧客を理解し、製品とサービスを顧客に合わせ、おのずから売れるようにすることであるとしています。

　しかし、**デジタルが登場するまでは、企業と顧客の情報の非対称性が大きかったため、企業側の「押しつけ」が通用していました**。Google検索もFacebookもない時代、人々がアクセスできる情報はきわめて限定的でした。顧客は、TVCM、知人の口コミ、スーパーの棚、新聞、書籍など限られた情報しか手に入れられない中で判断を迫られるため、企業はゴリ押しによる「流行っている感」を演出するだけで、売れてしまっていたのです。

　デジタルが生活に完全に浸透した現代では、顧客は商品を買うまでにいくらでも情報を得られます。**企業と顧客のパワーバランスが逆転した今だからこそ、本当の意味で「顧客主導」のマーケティング活動が不可欠**なのです。

図4-1 「顧客重視」と「顧客主導」の考え方

「顧客重視」の考え方

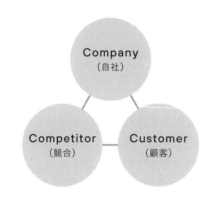

様々な論点の中で、顧客も重視する考え方

「3C分析」は、企業や事業の理解を深めるために優れたツールであり、顧客重視の考え方を牽引した発明の1つだが、マーケティングに用いてはならない

なぜなら3つを並列に重視しており、顧客が一番ではないためである

「顧客主導」の考え方

様々な論点の中で、顧客を一番に優先する考え方

マーケティングミックスの「4P」を議論する前にも、必ず顧客から考えなければならない

マーケティングとは、本来「顧客主導」で考えるための方法論である

デジタル活用すれば
必然的に「顧客主導」になる

　マーケティング全体の思考プロセスは、フィリップ・コトラーの著書などで勉強いただくと良いでしょう。

　簡単に言ってしまえば、ゴールを決め、ターゲットユーザを決め、施策（製品、流通、価格、プロモーション＝4P）を決めるというプロセスです。施策を考える前に、顧客を考えるべきだという思考の順序こそがマーケティングの方法論の本質です。このChapterでは、デジタルにおいて「顧客主導で考える」ための方法を解説します。

　このようにお話しすると、「我社はマーケティングなんてたいそうなことは何もできていないのですが、大丈夫ですか？」と聞かれることがありますが、ご安心ください、大丈夫です。現時点では、本当の意味での「マーケティング」ができていなくても、デジタルを活用する中で、必然的に「顧客主導」の考え方にならざるをえません。

　デジタル活用をきっかけに、本当の意味での「マーケティング」活動に従事する人が増えることを願っています。

「顧客が買うまでの流れ」を
知らないマーケターは失格?

マーケターの9割は
「顧客が買うまでの流れ」を説明できない

あなたはお客さんが商品を買うまでの流れを知っていますか?

あなたの商品をどこで知って、ほかの商品とどのように比べて、何が決め手になってどこで買ったのかを知っていますか?

さらに買ったあとはどのように使い、どのように評価し、2回めも買ってくれたのかを知っていますか?

もちろん様々なお客さんがいますが、少なくとも典型的なパターンや、その割合などをすぐに答えられるでしょうか?

これらの「顧客が買うまでの流れ」についての問いに答えられないなら、あなたは「顧客主導」ではないし、マーケターではないと言わざるをえません。答えられたからと言って、安心して良いかはわかりませんが、日本にいる自称「マーケター」の9割はこの問いに答えられないでしょう。

なぜ「顧客が買うまでの流れ」をこれほど詳細に知らなければマーケターを名乗れないかというと、この**顧客行動が企業側の想像と大きく乖離しており、これを知らずにまともな仕事など一切できない**からです。お客さんの行動は、企業側の想定の斜め上をはるかに通り越して、ねじれの位置にあることがほとんどです。BtoCとBtoB、それぞれの例を紹介しましょう。

顧客は「通える雑貨屋」のECサイトを
何のために使うのか?

　まずはある雑貨小売店の例です。センスの良い輸入雑貨などを取り扱い、女性客中心に熱狂的なファンの多い小売チェーンです。

　この企業の売上は、大半が実店舗によるものなので、日々どんなお客さんが来ているのか当然見えています。しかし、いつも来てくれているお客さんが、どこで初めてこの店舗を知り、なぜファンになってくれて、普段どのような生活を送っているのかまでは、時間をとってヒアリングしてみなければわかりません。「顧客が買うまでの流れ」の中でも、特にわかっていなかったのが、「**顧客はECサイトを何のために使っているのか**」でした。

　この企業のECサイトは、実店舗と同じように商品を購入できますが、送料がかかるため、売上はそれほど大きくありませんでした。お客さんは、普段から身近な実店舗に通っているので、あえて送料のかかるECサイトで買うことはありません。

　それにもかかわらず、ECサイトには数百万人のユーザが毎月訪れます。『日本経済新聞』購読者数が293万人（2019年12月現在）ですので、それに匹敵する人数がECサイトに訪れ、何も買わずに帰っていくのです。これだけの**お客さんの行動の理由を知らずして、マーケティングなどできるわけがない**でしょう。

　この企業ではまず**ECサイトに訪れるユーザに対して、アンケートと行動観察調査を実施**しました。

　アンケートでわかったことは、ECサイトには実店舗でも頻繁に購入している「ファン」しか訪れていなかったという事実です。わざわざECサイトまで訪れるお客さんは、この企業のことが好きでたまらず、ECサイトには毎日〜毎週訪れ、店舗にも毎週〜毎月通っているのです。

　さらに行動観察調査を実施するために、ファンをオフィスまで呼び、我々の目の前で、自身のスマートフォンを手に取り、いつも通りECサイトを使

ってもらったところ、驚くべきことに10人中10人がまったく同じ行動を取ったのです。

　まず新着商品を開き、前回見たところまで「すべて」の商品に目を通します。大好きなお店の新商品です。売り切れてから後悔するのは嫌なので、出た瞬間にチェックできるように毎日欠かさず見ます。自分の好きなキャラクターがいれば、見逃しや再販がないか、検索ボックスに入れて毎日同じように目を通します。

　気になる商品があれば、商品詳細を開き、最寄りの店舗に在庫がないかチェックします。万一、在庫があと少しで、どうしても欲しい商品なら電話して取り置きしてもらうこともあります。買うと決めた商品や、少し迷う商品があれば、スマートフォンの「スクリーンショット」機能で画像を保存します。次回実店舗に行く時、この保存した画像を見て商品を選ぶのです。

　つまり、**このECサイトは、商品を購入できる「レジ」としてよりも、実店舗に行く前の「カタログ」として有効に機能**していました。このユーザ行動を知っていれば、ECサイトで無理に売上を増やすことよりも、たくさん新商品を見てもらい、実店舗での売上を増やすことのほうが効率的です。ECサイトの目標を設定する時も、「売上額」より「商品閲覧点数」を重視するべきでしょう。

　この企業側としては、「ECサイト」を運営しているつもりなので、当然このようなユーザ行動を想像できていませんでした。生のユーザ行動を目の前で見るまでは、サイトの目的すら正しく設定できていなかったのです。

　このように「顧客が買うまでの流れ」は、企業の想像がまったく及ばないものです。一方で、「百聞は一見にしかず」と言えるほど、**実際の顧客に「普段通りの行動を再現してもらう」だけでユーザ行動を簡単に把握できます。**

1000万円するBtoB商品でも担当者は
Webサイトを細かく見ない

　もう1つ、BtoBの「ERP」の例を紹介します。「ERP」とは、会計システム、販売管理システム、人事システム、生産管理システムなどを総合的に繋げられるシステムの総称です。企業の規模やニーズに応じて、複数の機能を組み合わせて導入します。

　高額なBtoBソリューションなので、導入までには必ず営業担当が呼ばれ、競合候補と戦い、社内調整を支援して要件を整理し、最終的に決裁権者へのプレゼンテーションで導入を勝ち取ります。

　その中でもトップセールスと呼ばれる担当者は、自分たちは誰よりも顧客についてくわしいという自負があるでしょう。しかし、**トップセールスであろうと、営業担当が呼ばれるまでの顧客のことは何1つ知らない**と言っても過言ではありません。

　まずよくある誤解ですが、高額な商材ほどWeb上では慎重に検討されると、企業の担当者は信じています。仮に、年間数千万円を超えるソリューションを導入するなら、念入りにWeb上で比較検討し、満を持して問い合わせしてくるのであろうと信じて疑いません。

　BtoBであっても何であっても、行動観察調査を実施すれば、顧客行動が明らかになります。実際に「ERP」を検討するユーザ行動を調査するとすぐにわかりますが、**ユーザはWebサイトにわずか「数十秒」滞在しただけで、離脱するか問い合わせするかを決める**のです。

　「ERP」を検討するユーザは、元から候補となる商品名や企業名をある程度知っています。展示会、知人、前職、ニュースサイトなどで目に触れ、正しいかどうかは別として何となく特徴まで知っています。

　Web上では、まず比較サイトをさらっと見て候補を3-5社に絞ります。ほぼ元々知っている商品の中から選ぶつもりですが、一応知らない商品がないかだけ、比較サイトでチェックします。

　次に各Webサイトに訪問し、すぐに問い合わせます。そもそも数千万円

もするソリューションなら、営業担当に話を聞かなければ意思決定者に説明するための比較表を作れません。自分で見ても細かい機能まではわからないし、価格も最後は値引き交渉するだろうと思っています。そのため**Webサイトなど細かく見ずに、最速で営業担当を呼び出す**のです。

Webサイトでは「自社の要件を満たしうるか？」だけ簡単に確認します。対象業種、企業規模、価格の目安、大枠の機能で、大外れしていなければOKです。価格を掲載したがらない企業も多いですが、ユーザは0の桁を確認したいだけですので、具体例でも目安でもまったく問題ないのです。詳細は営業担当に聞けば良いのですから。

導入事例は、対象業種と企業規模を確認したいだけなので、ニーズを網羅できるように事例数を増やすことが重要です。事例を作る工数が足りなければ、詳細な説明テキストを省いて、導入企業のロゴを置くだけでも構わないのです。

「顧客が買うまでの流れ」は、実際の顧客に会わずしては知りえません。少なくとも年1回は顧客を知るための調査を実施すべきです。

たった5名の行動観察で
ほぼすべてがわかる

「顧客が買うまでの流れ」を
把握する3つのステップ

「顧客が買うまでの流れ」を知るのは簡単です。1回のアンケートと、5名の行動観察だけで、ほぼすべてがわかります。

やったことない人ほど、「面倒くさそう」「5名じゃ何もわからなそう」「データ分析のほうがすごそう」などの印象から、本当に重要なインプットを得ようとしません。まずはだまされたと思って、本書でここから解説する、簡単な調査を実践してみてください。

①調査対象者を決める

まず調査対象者は「既存顧客」です。しかもあなたの商品の売上を支えるようなファンを選びましょう。

彼らは、あなたの商品をまったく知らないところから、たまたまどこかで認知し、初めて購入し、何度も購入し、ファンになり、友達にオススメするところまで、すべてを運良く乗り越えた理想的なユーザです。

彼らに「買うまでの流れ」の理想的なストーリーを学ぶことが、何よりも優先して実施すべきインプットです。

もちろんまだ見ぬ潜在的なターゲットユーザや、競合製品のファンになってしまったユーザも大切な見込み顧客です。とはいえ、始めから彼らに学ぶことはそれほど多くありません。自社商品についてヒアリングしても、特に関心を持たれず、検討の俎上に上がらず、自社商品の不足ばかりが

目立つでしょう。唯一のメリットは、競合製品を選んだ流れを聞けば、競合企業の見事なマーケティング手法が垣間見えることかもしれません。しかし、やはり最初にインプットすべきことではないでしょう。

　まずはすでにファンになってくれている大切な既存顧客から、理想的な「買うまでの流れ」を明らかにします。そこから再現可能なものを抽出し、施策に落とし込む段階で、初めて潜在顧客や他社のファンまで調査対象を広げることに価値が出てきます。

　ただし、ファンと呼べる人の数が極端に少ない場合、そこにいたるまでの過程が特殊すぎて、再現性を担保できない可能性があります。その場合は、もう少し母数の多いユーザを対象にします。例えば、ファンとまでは呼べないが「やや高頻度で購入してくれているユーザ」など、ハードルを下げます。これは次に説明するアンケート結果から、ロイヤルティの高いユーザ数を知ることで調整できます。

②アンケートを実施する

　まずはこれまで**商品を買ってくれた人を対象にアンケート**を取ります。
　ECやSaaS商材のように、既存顧客のメールアドレスを保有している企業はその全リストを対象にします。メーカーや店舗ビジネスのように、既存顧客のメールアドレスを保有していない場合は、リサーチパネル（アンケートモニターサイト）、自社サイト訪問者、オフライン購入者、などを対象にします。

　一般的なアンケートでは、ポイントなどインセンティブを付与するケースがほとんどです。本調査でもポイントを付与すれば回答率が高まるでしょう。ただ「ファン」を対象にしているため、インセンティブなしでも、経験則的にはかなりの数の回答が集まります。

　アンケートで明らかにすべき項目は次の5点です。

・初めて知ったのは「いつ？」「どこで？」

・初回購入の参考にした情報は「なに？」「どこで？」

・初回購入は「いつ？」「どこで？」「なぜ？」

・継続/リピート前の参考にした情報は「なに？」「どこで？」

・継続/リピートは「どこで？」「なぜ？」「どの頻度で？」

　商材によっては聞かなくても良い項目もあるでしょう。把握したいのは、①認知、②初回購入の検討、③初回購入の実行、④継続・リピートの検討、⑤継続・リピートの実行の、5つにおいてどのように情報と接触したか、です。

　各設問では、可能な限り「選択肢」を用意しますが、「その他（自由回答）」も非常に有効です。**自由回答の集計は骨が折れますが、ざっと一覧するだけでも選択肢になかった可能性が明らかになります。**

　また始めから厳密に調査を設計する必要はありません。アンケートは継続的に実施すべきものなので、初回で聞ききれなかった項目は、次回以降に修正すれば問題ありません。何よりも重要なのは、まず第一歩を踏み出し、アンケートを開始することです。

　アンケートは、できれば毎月継続することをオススメします。これによって時系列の変化に気づくようになります。デジタルの登場によってアンケートのコストは大幅に下がりました（77ページ参照）。所有する会員リストや、自社サイトの訪問者を対象にしたアンケートであればコストはほとんどかかりません。

　アンケート集計は、単純に設問別に内訳を出すだけで構いません。年齢・性別・年収などでクロス集計して得られるインプットもありますが、特に仮説がない段階で分析しても、何も得られないことがほとんどです。

　今後マーケティング活動を深化していく中で、明らかにしたいユーザ軸が出てきた時に、必要な軸でだけクロス集計すれば良いでしょう。仮説なきデータ分析は、時間の無駄であり、害悪以外の何物でもありません。

図4-2　アンケート調査票のサンプル

	カテゴリ	質問文	形式	回答
Q1	属性	あなたの年齢を教えてください	単数回答	半角数字のみ自由回答
Q2	属性	あなたの性別を教えてください	単数回答	女性｜男性
Q3	属性	既婚／未婚について教えてください	単数回答	既婚｜未婚（離婚／死別含む）
Q4	属性	あなたの住んでいる都道府県を教えてください	単数回答	47都道府県から単数回答
Q5	属性	あなたの職業を教えてください	単数回答	会社員｜公務員｜自営業｜会社役員｜専業主婦（夫）｜学生｜アルバイト｜無職
Q9	商品購入	購入したことがあるXXを教えてください	複数回答	商品A｜商品B｜商品C｜商品D｜商品E｜商品F｜その他
Q10	商品購入	初めて購入したXXは何ですか？	単数回答	商品A｜商品B｜商品C｜商品D｜商品E｜商品F｜その他
Q11	商品購入	XXの「実店舗」で買ったことがあるものを教えてください	複数回答	商品A｜商品B｜商品C｜商品D｜商品E｜商品F｜その他
Q12	商品購入	XXの「EC」で買ったことがあるものを教えてください	複数回答	商品A｜商品B｜商品C｜商品D｜商品E｜商品F｜その他
Q13	商品購入	「楽天/Amazon」で買ったことがあるXXを教えてください	複数回答	商品A｜商品B｜商品C｜商品D｜商品E｜商品F｜その他
Q14	商品購入	オークションで買ったことがあるXXを教えてください	複数回答	商品A｜商品B｜商品C｜商品D｜商品E｜商品F｜その他
Q15	商品購入	XXの購入頻度を教えてください	単数回答	毎日｜週1回以上｜月1回以上｜3ヶ月に1回以上｜年1回以上｜年1回未満｜買ったことがない
Q16	商品購入	毎年購入するXXを教えてください	複数回答	商品A｜商品B｜商品C｜商品D｜商品E｜商品F｜その他
Q17	商品購入	月1回以上購入するXXを教えてください	複数回答	商品A｜商品B｜商品C｜商品D｜商品E｜商品F｜その他
Q18	商品購入	1年間でXXに使う合計金額を教えてください	単数回答	半角数字のみ自由回答
Q19	EC利用	XXの「EC」に訪れる頻度を教えてください	単数回答	毎日｜週1回以上｜月1回以上｜3ヶ月に1回以上｜年1回以上｜年1回未満｜行ったことがない
Q20	EC利用	XXの「EC」で商品を購入する頻度を教えてください	単数回答	毎日｜週1回以上｜月1回以上｜3ヶ月に1回以上｜年1回以上｜年1回未満｜買ったことがない
Q21	EC利用	XXの「EC」で商品を購入する理由は何でしょうか？	複数回答	品揃えが豊富なため｜面白い商品が見つかるため｜価格が安いため｜ここにしかない商品があるため｜その他（自由回答）｜購入したことがない
Q22	EC利用	XXの「EC」に、商品を買う目的以外に訪れることはありますか？	複数回答	買う目的以外では行かない｜新商品を見るため｜面白い商品を見るため｜店舗で買う前の下調べのため｜その他（自由回答）｜行ったことがない
Q23	EC利用	XXの「EC」で見つけた商品を、あとから実店舗で買ったことはありますか？	単数回答	ある｜ない
Q24	EC利用	XXの「EC」と、実店舗とで、使い分けはありますか？	自由回答	自由回答
Q25	EC利用	XXの「EC」には、何をきっかけに訪れますか？	複数回答	XX公式サイト｜XX公式アプリ｜商品名を検索｜メールマガジン｜広告｜SNS｜ブックマーク（お気に入り）｜その他（自由回答）｜訪れたことがない
Q26	EC利用	XXの「EC」で初めて購入した商品はなんですか？	単数回答	商品A｜商品B｜商品C｜商品D｜商品E｜商品F｜その他
Q28	許諾	後日インタビュー（60分程度）をお願いすることは可能でしょうか？	単数回答	受けても良い｜受けたくない

③「行動観察調査」を実施する

アンケートによって、典型的な認知、初回購入、継続・リピートの接点がわかれば、それらを線でつなぐ動機や経緯を明らかにするために「行動観察調査」を実施します。

まず、アンケートで、「買うまでのストーリー」について典型的な回答をした人を5名程度ピックアップし、オフィスまでインタビューに来てくれるように打診します。

行動観察調査は、不思議なことに5名程度の調査でも、みんなほぼ同じ行動パターンになるものです。ユーザビリティ研究の第一人者で、行動観察調査の権威でもあるヤコブ・ニールセン博士も、「5名の行動観察で80％もの課題を抽出できる」と証言しています。

あらかじめアンケートの設問項目で、インタビュー参加の可否を確認しておくとスムーズです。インタビュー参加の謝礼は5000円〜1万円程度が相場です。

被験者（インタビュー参加者）収集にあたり、Webサイトやアプリの利用行動を詳細に把握するなら、それらの媒体に接触した経験のあるユーザを中心に呼びます。さらに可能な範囲で、年齢・性別・職業など、分散させます。ただ、この**被験者収集でも、条件の絞り込みには凝りすぎず、まず何人かインタビューしてみる**ことをオススメします。

行動観察のインタビューは、被験者とモデレーターの1対1で実施します。さらにこれは必須条件ですが、別室に関係者全員を集めて、インタビューの様子をリアルタイムで観察してください。生のユーザの発言や行動を全員で確認すると、意識統一しやすくなり、その後の施策実行が非常に円滑になります。可能なら、ここに経営者や事業責任者も同席してください。間違いなく非常に有意義なインプットになるはずです。

別室でリアルタイムに見学するためには、テレビ会議の仕組みがあれば

十分です。ZoomやGoogle Meetなど、音声通話ができて画面共有できるPCを2台用意し、見学室と調査室をつなぎます。見学室側のマイクは忘れずにオフにしてください。コロナ禍ではリモート調査を推奨します。テレビ会議システムでも、被験者にインタビューできますし、画面共有や見学者の同席も容易です。

　調査が始まったら、まず**被験者に「普段通り操作し、操作中はモデレーターのことは無視して欲しい」と依頼**します。調査に訪れると、普段と違う行動をしてしまう人が一定数いるためです。加えて、遠慮しがちな性格な人もいるため、「もし使いづらいところなどあれば率直に意見が欲しい」ことも伝えてください。

　まずはアンケートの回答内容を、時系列で確認していきます。認知から、初回購入、継続・リピート購入までの流れを確認します。この時、「過去に実際に取った行動」以外は聞いてはなりません。**「どうすれば良いですか?」「何だったら買いますか?」などユーザの意見を聞いてしまうモデレーターがいますが、絶対にNG**です。一般的なユーザは自分の意見を言語化できないため、仮に意見を聞いたとしてもそれは真実でないことがほとんどだからです。

　ヒアリングの中で、インターネットを使うシーンが登場するはずです。次に、それらの利用シーンとまったく同じ状況で、PCまたはユーザ自身のスマートフォンを使って、行動を再現してもらいます。当然、自社サイトだけではなく、自然な流れでほかのサイトも使ってもらいます。

　ここでもよくある失敗ですが、**あらかじめ用意した「タスク」を被験者にやらせるモデレーターがいますが、これも絶対にNG**です。例えば「トップページから入って、○○という商品を買ってください」というタスクがあれば、被験者はニーズがなくてもサイトが使いづらくても、必死でその商品を購入しようと行動します。

　謎解きゲームの難易度を調査しているのであれば、これでも良いかもしれません。しかし今回は「買うまでの自然な流れ」を知りたい調査なので、

事前に「タスク」は用意せず、**被験者が実際に過去に操作した状況を確認し、そのまま使ってもらう必要がある**のです。

　被験者の操作中は、一切話しかけてはなりません。モデレーターと会話しながら操作してしまっては、それこそ過去の再現になりませんし、不自然です。ひとしきり操作が終わるまでは被験者の自由にさせます。被験者自身が操作を終わると宣言するか、明らかに飽きている様子を見せたタイミングで被験者に操作を一時中断してもらうよう指示します。

　最後に、被験者の操作を最初から順に振り返りながら、ヒアリングを行ないます。ここでも**絶対に「意見」を聞いてはなりません。行動観察で聞くべきは、「どこを見ていたか?」「何を考えていたか?」だけです。**特に見て欲しい場所があった場合は、「見ていたか?」「見ていなかった場合、今見てどう思うか?」という質問を追加して反応を確認します。

　事前ヒアリングでWebサイトやアプリを利用するシーンが複数あった場合は、この操作とヒアリングを繰り返します。例えば「認知した時」「購入検討した時」「購入した時」が別の日だった場合は、それぞれ別の状況として操作してもらいます。

　わずか5名の調査でも、一度実施すれば得られるインプットの多さに感動するでしょう。私はこの調査を行なったあと、目の色が変わらなかった担当者を1人も見たことがありません。

　社内リソースで実施するなら、コストは被験者収集に10万円以下、工数は1日だけと手軽に実施可能です。被験者も身近な人から探せばコストは0円です。少なくとも年1回は定期的に実施することを推奨します。

データ分析は「添えるだけ」

顧客の行動を一気通貫で
見られるデータは作れない

　顧客を知るためには、何が何でも「購買行動データ」や「アクセス解析データ」の分析が必要だと思う人もいるでしょう。しかし、**データ分析から「顧客が買うまでの流れ」を導出するのはきわめて困難**です。

　まず、「顧客が買うまでの流れ」を知るためには、オフラインからオンラインまで、様々な媒体をまたぐ接触履歴データが必要です。確かに実店舗のPOSデータと、ECの購買行動データは、大変な労力を割けば連携できるかもしれません。

　しかし、どれだけ努力しても、他社サイトや、競合の実店舗での行動は把握できません。GoogleやFacebookなどプラットフォーム内の行動もほとんどわかりません。顧客の行動を一気通貫で見られるデータは、どうあがいても作れないのです。

　さらに、データだけからは、行動の理由がわかりません（44ページ参照）。顧客の心理を読み取ることもきわめて困難です。膨大な時間と費用をかけて、企業内にある様々なデータと、第三者データを連携したものの、そのデータの使いみちが思いつかず、途方に暮れているケースを何度も見ました。繰り返しになりますが、仮説なきデータ収集と分析は、百害あって一利なしなのです。

仮説を補強するために
データを用いる

　漫画『スラムダンク』に、「左手は添えるだけ」という名言があります。中距離シュートを打つ時、左手に力を入れすぎるとうまくコントロールできないため、左手は添えるだけにしようというメッセージです。

　これと同様に、**「顧客が買うまでの流れ」を明らかにするプロセスでは「データは添えるだけ」くらいがちょうど良い**のです。まずアンケートや行動観察で「顧客が買うまでの流れ」の仮説を明らかにします。5名も調査すれば確実にパターン化できると述べたものの、確かに定量的な裏付けはやや乏しい側面もあります。そこで仮説を補強するためにデータを用いるのです。

　例えば、先ほど紹介した雑貨小売チェーンの例でも、仮説さえあれば色々補強できるデータがあります。

　行動観察調査で10名中10名が最初に見たページは「新着商品一覧」でしたが、この行動が一般的であるという仮説を裏付けることは簡単です。ECサイトのアクセス解析データを見てしまえば、「新着商品一覧」が最もよく見られているページであり、かつその大半はリピーターがトップページの次に見ていることもわかります。

　さらに商品詳細閲覧数の多いユーザや、スクリーンショット回数の多いユーザは、実店舗での売上が多くなっているはずです。会員IDの紐付け作業は少し手間ですが、ECサイト上の行動と、売上との間に相関する係数が見つかれば、費用対効果の計算が簡単になります。

　「ERP」の例でも、アクセス解析データを見れば、サイトの平均滞在時間は1分を切っていることは自明でした。またお問い合わせしてくるユーザは、サイトの中などほとんど見ずに、トップページからお問い合わせフォームに直行するケースが半数以上を占めています。

　何千万円する商材でも、ユーザはWebサイト上で細かい情報なんて一

切見ずに、すぐ営業マンに問い合わせているという行動観察結果が一般的かどうか、データを見ればすぐに裏付けできるのです。

　このようにユーザ行動の仮説があれば、見るべきデータは自明です。データだけから無理やり顧客を見出す必要など微塵もないのです。

「顧客が買うまでの流れ」は
3つに分ける

コンサルティングの現場で
生まれたフレームワーク

　調査で得られた「顧客が買うまでの流れ」を、「日常生活」「初回購入」「継続購入」の3つのフェーズに分類すると、デジタル活用が進みやすくなります。この分類自体、特に真新しさはないかもしれませんが、デジタルの活用目的はこの3種類に大別できるという考え方は、私が作った独自のフレームワークです。

　マーケティングのフレームワークには実務で使いづらいものも多くありますが、このフレームワークは私がコンサルティングする現場で自然に生まれたものであり、使い勝手は抜群です。

　この3フェーズへの分類は、どのようなビジネスにも当てはめられます。BtoCかBtoBかも問いませんし、業界も問いません。事業によっては検討不要なフェーズもありますが、まずは3つすべてを理解することをオススメします。

①日常生活フェーズ

　大多数の顧客は日常生活フェーズに属しています。あなたの商品を探しているわけでもなく、あなたの商品を使わなければならないようなニーズ（欲しいと思う気持ち）が発生しているわけでもありません。あなたの企業にもあなたの商品にも興味を持たず、ほかのニーズを満たしながら日常を生きています。

　日常生活フェーズのマーケティングでは、**無関心な顧客に対して、何と**

かして名前を覚えてもらい、将来ニーズが発生したときにいち早く接触できるように網を張ることが目標です。

②初回購入フェーズ

あなたの商品に関連するニーズが発生するフェーズです。

ニーズの発生は、企業が意図したものではなく、偶然の出来事によることがほとんどです。

ユーザは初めのうち、ニーズを満たす方法を知りません。どのような商品の候補があるかもわからないところから、情報収集を繰り返してあなたの商品にたどり着きます。

初回購入フェーズのマーケティングでは、**顧客のニーズに対していかに的確に応えられるか**が勝敗を分けます。多様な顧客の想いに応えるためには、デジタルと人間の円滑なバトン渡しが不可欠です。

③継続購入フェーズ

初回購入後、その商品を気に入ってもらい、継続的に購入するフェーズです。サブスクリプションモデルのビジネスでは、初回購入時からこの状態を目指します。

継続購入フェーズのマーケティングでは、**商品を生活に浸透させ、使い続けることへの納得感を自覚させます**。このフェーズでかかるコストは時間に比例して増大するため、省力化も重要な論点になります。さらに別商品の追加購入を狙う場合、顧客との接触を増やしていきます。

次項からは、この3つのフェーズ別にデジタル活用の定石を解説していきます。

図4-3　3つのフェーズとデジタル活用のポイント

日常生活フェーズ	初回購入フェーズ	継続購入フェーズ

✓あなたの企業にもあなたの商品にも興味を持たず、ほかのニーズを満たしながら日常を生きているフェーズ

✓無関心な顧客に対して、何とかして名前を覚えてもらい、将来ニーズが発生した時にいち早く接触できるように網を張ることが目標

✓あなたの商品に関連するニーズが発生するフェーズ。ニーズの発生は、企業が意図したものではなく、偶然の出来事によることがほとんど

✓顧客のニーズに対していかに的確に応えられるかが勝敗を分ける。必要に応じて人間の営業担当に連携する

✓初回購入後、その商品を気に入ってもらい、継続的に購入するフェーズ。サブスクリプションモデルのビジネスでは、初回購入時からこの状態を目指す。

✓商品を生活に浸透させ、使い続けることへの納得感を自覚させる。サポートの省力化も重要な論点になる

顧客数：多｜契約率：低	顧客数：少｜契約率：高	顧客数：少〜中｜契約率：高

デジタル活用のポイント

潜在顧客リスト獲得＆継続接触

デジタル活用のポイント

顕在層のゴール直行

デジタル活用のポイント

コンテンツ＆ルーティン作り

Chapter 4　まとめ

 デジタルを活用するなら、まず「顧客重視」ではなく、「顧客主導」に思想を切り替えなければならない。昔のように企業が顧客を操作することはできなくなった事実を受け入れ、思い通りにならない生の「顧客」を直視することから「顧客主導」が始まる

 「顧客が買うまでの流れ」を知るためには、実際の顧客に会わなければならない。しかしそれは1回のアンケートと、5名の行動観察だけで十分である

 「顧客が買うまでの流れ」をデータ分析だけから導出することは困難である。行動観察調査で実際に会った顧客が、典型的な顧客であるかどうかを定量的に裏付けるためにデータを用いる

 「顧客が買うまでの流れ」を、「日常生活」「初回購入」「継続購入」の3つのフェーズに分類することで、デジタル活用が進みやすくなる。デジタルの活用目的はこの3種類に大別される

Chapter 5

「日常生活フェーズ」の
定石

デジタルだけで
ニーズの火は起こせない

ニーズがない人に「買いたい」と
思わせるのは難しい

初めに断言します。

元々ニーズがない商品は、デジタルでも絶対売れません。デジタルをどんなにうまく駆使しても、ニーズの火を起こせません。

ニーズが顕在化していない「日常生活フェーズ」で、あなたの企業や商品に対して特に愛着もない人が、何かを買ってくれるのは奇跡に近い出来事なのです。

世の中にある大半の商品は、人生を占める大半の時間において、まったくニーズがありません。ある時偶然、企業の手の遠く及ばない「外部要因」によってニーズが発生し、唐突に次の「初回購入フェーズ」に入ります。

生命保険などが典型例です。日常生活の中で、保険会社の発表した新商品が既存商品とどう違うかを嬉々として研究する人がいれば、ちょっとしたテレビ番組に出られるくらい変わった人物だと思うでしょう。普通の人は、生命保険など日常生活では微塵の興味もなく、結婚や出産を控え、ようやく重い腰を上げて検討を始めます。

自動車のように、いくら好きでも、連続で買うことが難しい商品もあります。車好きな人は、各メーカーからどんな新商品が発売されているか把握しているケースもありますが、さすがに数年に一度の購入が限界でしょう。

もちろん例外はあるでしょうが、**企業側の努力によって、ニーズがない状態から今すぐ購入したいと思わせることはきわめて難しい**のです。

日常生活フェーズで
潜在ニーズを自覚させる方法

　日常生活フェーズで潜在ニーズを自覚させる方法は、一応いくつかあります。

　1つめは、**天才的に画期的な商品や、面白いコンテンツをつくる**ことです。

　例えば「ファブリーズ」は天才的に画期的な商品の1つでしょう。元々、布に水をかければ消臭効果があることは知られていましたが、「布にシュシュっとファブリーズ」という消費者提案を生み出し、爆発的なヒット商品になりました。

　しかし、天才的な商品は再現性が乏しく、およそ教科書に書けるような代物ではありません。もちろんデジタルを活用したからといって、実現できることでもありません。真似するだけ無駄です。

　2つめは、**安価な万人向けの新商品を、マス広告で宣伝する**ことです。古典的な手法ですが、数百円程度の新商品がコンビニの棚に置かれていて、なおかつTVCMで聞いたことがあれば購入する可能性はあります。

　スマートフォン用ゲームアプリのTVCMも同じ手法です。大量のターゲットユーザに、まずは無料でインストールさせることを狙います。一部のユーザが高額課金し、費用対効果が合います。

　まだ認知のない新商品で、ターゲットの数が多く、購入の障壁が低く、利益率が高いビジネスでのみ、この手法は成立します。厳しい条件をクリアしなければ、マス広告を投下しても費用対効果が合わないのです。

　これもデジタルとはあまり関係のない方法です。むしろChapter1でもお伝えした通り、デジタルの苦手な分野です。

　3つめは、**人間によるコンサルティング提案**です。お客さんに顕在化したニーズがなくても、幅広い領域でのお悩み相談を受けて課題を整理し、具体的な論点に落としていく一流営業担当のテクニックです。

人生相談からツボを売るのも、経営相談から戦略コンサルティングを売るのも、手法としてはまったく同じです。そしてこの方法も、やはりデジタルで代替することは不可能です。

　この3つが日常生活フェーズでニーズを顕在化させる方法です。魅力的な商品を作るか、TVCMでも売れる特殊な商品を作るか、魅力的なコンサルタントを育てるかのいずれかです。
　3つとも本質的なマーケティングの方針であり、すべての企業が目指すべき理想形ではありますが、個別事例を真似したところで再現性は乏しいでしょう。また当然デジタルを活用するだけでは、実現できません。
　デジタルの活用方法を解説する本書では、「ニーズを顕在化させる」ことは諦めます。デジタルの限界を正しく捉えることも、デジタルを活用するうえで非常に重要なのです。

日常生活フェーズの目的は
「純粋想起の獲得」「ニーズの最速検知」

　それでは日常生活フェーズでは、デジタルは使えないのでしょうか？
　もちろんそんなことはありません。**偶然ニーズが顕在化した時に「純粋想起を獲得する」**ことと、**最速でその「ニーズを検知する」**ことがデジタル活用の目的になるのです。

　まず「**純粋想起**」とは、何かの商品カテゴリを指定された時に、特定のブランド名を想起できる状態を指します。例えば、「ハンバーガー屋といえばマクドナルド」を想起できる状態です。
　「純粋想起」を獲得していれば、いざニーズが顕在化した時に、検討の俎上に載る可能性が高くなります。例えば、ランチはハンバーガーにしようと思った時、頭の片隅にマクドナルドを想起し、近くにマクドナルドがあれば入店する可能性が高まります。もっと近くで無名なハンバーガー屋が看板を掲げていたとしても、マクドナルドを先に想起されている状態では、

もはやあとから勝つことはできません。

　このように「あるカテゴリ」といえば「特定ブランド名」という認知を取ることは、TVCMの最も重要な目的の1つです。認知を取る手段は、ブランド名の「連呼」です。音楽や映像に合わせて、ブランド名を「連呼」することで、ターゲットユーザの脳に「純粋想起」を刷り込むのです。素敵な音楽、CG、タレントを駆使したとしても、それは枝葉末節に過ぎず、TVCMの真髄は「連呼」なのです。

　もちろん面白いTVCMを作れば、ユーザの記憶にも残りやすくなりますが、それは「TVCM」が記憶に残るのであって、必ずしも「商品」が記憶に残るわけではありません。素晴らしいTVCMで「賞」を取ることよりも、愚直な連呼で「純粋想起」を得るほうが、マーケティングの観点からは効果的です。先述の通り、よほど画期的か安価な商材でもない限り、TVCMで「ニーズの火を起こす」ことはできません。「連呼」することがTVCMに求められる最大の要件なのです。

　そして**ターゲットユーザに「連呼」するだけならデジタルでも十分代替可能**です。TVCMも目的をシャープに絞ってしまえば、デジタルで代替できるのです。具体的な方法は次項で後述します。

　次に「ニーズを検知する」は、デジタルのインタラクティブ性を活かした活用方法です。先述の通り、ニーズは外部要因によって偶然発生しますが、そのタイミングを最速で検知できれば、営業担当が電話をかけたり、期間限定クーポンを発行したり、手書きの葉書を送付したり、様々な手厚い説得手段を行使できます。

　ターゲットユーザが、Webサイトに訪問したり、メールマガジンのリンクをクリックしたり、アプリを起動したりした行動は、すべて逐一把握することができます。これらの**行動データから「ニーズ発生」を推測し、それをトリガーにオフライン・オンライン問わず説得行動を開始する**のです。これによって、営業担当が足繁く通う行為を、デジタルで代替します。

TVCMを代替する
デジタルの使い方

「ネット広告で認知を取る」は
大きな間違い

　デジタルで「純粋想起」を取りたいなら、TVCMと同じようにネット広告を出せば良いと考えるかもしれませんが、これは大きな間違いです。

　ネット広告は、TVCMより「高価」なため、同じような方法では費用対効果が合いません。ネット広告で認知させようとすれば、1クリックあたり約100円として、1000万人にリーチするには10億円かかってしまいます。これはスポットのTVCMと比べればかなり高価です。また「バナー画像」を見ただけでは純粋想起を獲得できません。

　デジタルを「普通」に使っても、TVCMのような広く浅いユーザに接触することは叶わないのです。大きな発想の転換が必要です。

「ターゲットユーザ」以外の
純粋想起を捨てる

　まず発想転換すべきは、「ターゲットユーザ」以外の純粋想起を捨てることです。**商品を買う見込みのない人の「純粋想起」を獲得しても、マーケティング観点では無意味です。**そもそも広く浅い人の認知を獲得するという手法は、TVCMという手法を正当化するために作られたマス広告時代の古いフレームワークです。

　デジタルを使うなら「ターゲットユーザ」にだけ「連呼」する方法を考えれば良いのです。

　デジタルは「ターゲティング」が得意です。例えば、ネット広告は年齢・

性別などを絞る「ターゲティング」ができます。65才以上の男性向けのサプリメントなら、そのまま「65才以上男性」に絞って広告を配信できます。

　ただこれだけではまだ不十分です。乱暴な計算ですが、ネット広告が1クリック100円とすれば、日本の65才以上の男性は約1500万人で、全員に接触するには15億円のコストがかかります。一方でTVCMに15億円も使えば、年齢・性別を絞らず、かなり多くの日本住民に接触できます。厳密に計算すれば、もう少し良い勝負になるケースもありますが、TVCMを代替するほど大幅なコストカットは難しいでしょう。

　加えて数億円の宣伝コストを支払える企業はそれほど多くありません。ターゲットがニッチな商材であれば、ネット広告のクリック数は減らせるので、その分コストも削減できます。しかし、ニッチになるほどターゲティングの精度は落ちます。例えば、高級車の認知を目的に、「年収2000万円以上で、現在高級車を保有しており、1年以内の乗り換えを検討している」ユーザにだけ広告を出すことは不可能です。さらにニッチなターゲットを狙うほど、1クリックあたりの単価も高くなるため、やはり認知目的での費用対効果は見合わないことがほとんどです。

いつでも接触可能な「見込み顧客リスト」をつくる

　次に必要な発想転換は、**ネット広告をクリックさせて終わりという「フロー」の考え方から、いつでも接触可能な見込み顧客リストを作るという「ストック」の考え方に移行する**ことです。デジタルは「ストック」になることで、大幅なコスト削減を実現します（70ページ参照）。

　ターゲットユーザに対して、ネット広告を毎回クリックしてもらっていては費用対効果が合いませんが、**いつでも接触できるように「会員」にしてしまえば、そのあとは無料で「連呼」し放題**になります。

　デジタルをうまく活用し、TVCMを代替したある自動車メーカーの事例を紹介します。自動車の購買頻度は10年に1回とも言われ、何も買わな

い「日常生活フェーズ」が10年間続く商材です。

　その自動車会社の調査によれば、10年に1回の購入検討時に想起する車種は、平均2種類しかなく、片方は今自分が乗っているのと同じ車種です。つまり差し引き1種類しか新たに想起してもらえず、ここに入るためにメーカー各社はTVCMで車種名を「連呼」しているのです。

　このTVCMのコストを削減するため、この自動車メーカーはまったく同じ機能をデジタルで代替したのです。説明のため、今回認知を取る車種の名前を仮に「シリウス」とします。

　まず、「メルマガ登録した方のうち、1名様限定でシリウスをプレゼントします！」という広告を出したのです。このキャンペーンは非常に秀逸です。なぜなら「シリウス」を欲しい人しか広告をクリックせず、コストを最小限に抑えられるためです。ネット広告はクリックあたりで課金されることが多いため、クリックする前の入口でターゲットを絞るべきです。さらにメールマガジンの登録をプレゼント応募の条件としているため、そのあと継続的に接触しても違和感がありません。この秀逸なキャンペーンにより、最小のコストで「シリウスを欲しい人」だけ集めた濃厚なリストが手に入ったのです。

　次に「連呼」を始めます。やることは非常に簡単で、メールマガジンを毎月送り、タイトル（件名）に「シリウス」とつけるだけです。定期的に「シリウス」という車の名前を目にすることで、TVCMの音で「シリウス」と聞くのと同じ効果を期待します。

　ここで重要なのが、メール本文に一切こだわらないことです。日常生活フェーズのユーザは、車に興味がありません。新車でも発売されれば別ですが、特に新しい情報のない「シリウス」には微塵の興味も持ちません。メールも当然読まれませんので、メールの本文にこだわる作業は無駄の極みです。メールの本文を作ることに数十万円〜数百万円のコストをかけていれば費用対効果が合わなくなってしまいます。デジタルの活用目的はコストカットです。無駄なコストは1円でも削減するべきなのです。

図5-1 シリウスキャンペーンのデジタル活用

潜在顧客リスト作り	メールで継続接触	リンクでシグナル検知

自動車「シリウス」プレゼントキャンペーンで、本当に欲しい人だけのリストをつくる

メールタイトルで「シリウス」を連呼し、TVCMを代替する。メール本文に力は入れない

本文のリンククリックでニーズを検知し、クーポン発行などから来店に誘導する

　この場合、タイトルに「シリウス」が入っていることだけが重要なのです。
　メールマガジンのタイトルだけで意味があるのか?と疑問に思う方もいるでしょう。しかし、この施策は、実際に大きな成功を収めました。キャンペーンの数年後には、「シリウス」を購入したユーザの大半が「メルマガ会員」であるという事実が証明されたのです。このように「連呼」で純粋想起を獲得するというTVCMの機能は、デジタルで代替できるのです。

　最後に費用対効果を計算してみましょう。広告1クリック100円として、プレゼントキャンペーンであれば最大20%ほどの人が応募します。つまり濃厚なターゲットリストを1人分獲得するのにわずか500円しかかかりません。日本で最も売れている車の年間販売台数は10万台ほどですが、10年に1回の頻度で購入されるため、潜在的なターゲットは100万人程度と推測できます。100万人の濃厚リストを作るためには、5億円のコストがかかります。これだけ見るとかなりの金額ですが、一度このリストを作ってしまえば、この先10年間はメールマガジンを無料で送り続けられるのです。TVCMなら3億円でワンショットですが、デジタルなら5億円で10年間分の広告と同等の効果を見込めます。
　この手法は革命的なコストカットを実現しており、ビジネスモデルそのものを変革するほどのインパクトがあると言えるでしょう。

「自社のターゲットがどこにいるか」を
考え尽くす

デジタルで「純粋想起」を取るには、まず濃厚なターゲットリスト作成から始めます。

手段はネット広告とは限りません。BtoB なら展示会でプレゼントと名刺を交換する手法が有効ですし、地域密着型の居酒屋なら近隣住宅へのクーポンのポスティングが有効です。幅広いユーザを獲得するなら LINE スタンププレゼントキャンペーンで数百万人のユーザを一瞬で獲得することもできます。

まず自分のターゲットがどこにいるかを考え尽くすことがファーストステップです。日常生活フェーズでも、ターゲットが振り向いてくれる「魅力あるプレゼント」は欠かせません。

ストック化の方法は様々です。メールアドレスは一例に過ぎません。住所を獲得して手書きの葉書を送っても良いですし、Twitter をフォローさせてつぶやいても良いですし、アプリをダウンロードさせて通知しても良いのです。ターゲットユーザと相性の良い媒体を選び、どこまでコストをかけて通知できるかを試算して手段を決めます。

要点は、**ターゲットを絞ること、ストック化すること、連呼にコストをかけないこと、を守る**だけです。この定石に基づいて考えれば、自社のビジネスによりフィットする様々な手法が生み出されるでしょう。

営業の定期訪問を代替する
デジタルの使い方

「定期訪問」はデジタルで代替できる

　少し前の時代ですが、総合広告代理店の営業担当は、超大手企業の受付ロビーに常駐していたそうです。特に用がなくても、つねに受付のロビーに座って待機しているのです。少し滑稽に見えるかもしれませんが、何か案件が発生すれば、とりあえず真っ先に「あいつをロビーから呼んでこい」となったと言います。

　この総合広告代理店の営業担当は、最もコストのかかる「ニーズ検知」を実践しています。先述の通り、ニーズは外部要因によって偶然顕在化するため、企業側はそのシグナルを検知することしかできません。人件費の高い総合広告代理店で、営業担当を1人常駐させれば、年間1000万円以上のコストになるでしょうが、それでも費用対効果が合っていたのでしょう。

　受付ロビーに常駐するとまではいきませんが、見込み顧客に足繁く通っている営業担当は山ほどいます。特に用事がなくても、重要なお客さんには毎月会うというルールを設定し、会う直前にネタをひねり出して訪問し、お互い特に得るものもなく、惰性で打ち合わせしている人たちがたくさんいます。こんな非生産的な仕事をのさばらせておくわけにはいきません。

　日常生活フェーズでの「定期訪問」という営業担当の仕事は、当然デジタルで代替できます。**複雑な説得行為は必要なく、定期的に通ってお伺いを立てるだけで良いのですから、人間である必要が一切ありません。**

　もちろん人間を使って通わせれば、「あんなに熱心に通ってくれたのだから」と情が湧く効能はあるでしょうが、冷静にデジタルと費用対効果を比較したうえで、判断したほうが良いでしょう。成果への貢献度を測らず、

何となく「情」に期待して定期訪問を繰り返す行為は、思考停止であり説明責任の放棄です。

ターゲットリストに定期的に通知を出し
ニーズ発生を検知する

　デジタルで「定期訪問」を代替する方法は、「純粋想起」で紹介した手法の延長上にあります。**濃厚なターゲットリストがあり、そこに対して定期的に通知を出し続ける行為は、「定期訪問」そのもの**です。

　そこから追加で検討すべきは、ニーズ発生の「シグナル」を検知する方法です。ただこれ自体は特に難しくありません。ニーズが発生した人が押しそうなページを作り、そこにたどり着いた人に営業をかけるだけです。

　ここでもまた「シリウス」という架空の車を例に説明します。

　10年に1回の購入タイミングが来た時、いつものようにメールマガジンが届いたとして、どんな内容なら本文をクリックするでしょうか？　「今月限定でシリウス5％オフキャンペーン実施中です」とあれば確実にクリックするでしょう。ほかにも「シリウスの購入検討中の方へ」「シリウスとほかの車で迷っている方へ」など、購入を検討している人を名指しにしたリンクであれば、クリックする確率は高まるでしょう。

　このように**ニーズが発生したユーザを検知するための仕掛けを複数用意**します。ここでデジタルの良いところは、簡単に効果検証できることです。どの仕掛けが最も多くニーズの発生したユーザを引き当てるか、クリック後の来店や契約に紐付けて検証できます。

　今回は車の例ですが、BtoB商材であれば、ニーズが発生したと見られるユーザにすぐ電話をかけて確認します。「メールクリックしましたよね？」と聞くのはさすがに気持ち悪いので、何食わぬ声で何かしらの用事を作って電話すれば良いでしょう。ランダムに電話をかけるよりは、はるかに効率的な営業活動ができます。

　シグナル検知は、メールマガジン以外でもできます。例えば一度会員

登録したユーザであれば、先述した「Cookie」という仕組みを使って、Webサイトへの訪問を検知できます。ある顧客がWebサイトで熱心に商品を検索していれば、ニーズが発生した可能性が高いでしょう。

　顧客と接触できるデジタル媒体はすべて、シグナルとなりえます。どのシグナルが最も売上につながりやすいのか効果検証し続けることで、営業担当の仕事の仕方にイノベーションをもたらします。

シグナル検知の仕組みを
複雑にしすぎない

　ただしここでも注意が必要なのは、シグナル検知の仕組みを複雑にしすぎないことです。「メールをクリックして、商品を検索し、会社概要を見てから、問い合わせフォームを覗いて離脱したユーザは、商談化率が高い」とわかっても、そのまま**詳細なルールを設定していては費用対効果が合わない**からです。

　繰り返しになりますが、デジタルの活用目的はコストカットです。シグナル検知の方法を細かく設計しすぎれば、営業担当にそれを覚えさせたり、洗練させたりすることに、多大な手間と時間がかかります。営業担当の無思考な「定期訪問」をやめさせ、大雑把にでも正しい優先度で訪問してもらえるようになれば大成功です。決して100点満点を取ろうとせず、最速で80点を取るくらいの設計で十分です。

　このシグナルを検知するには「マーケティングオートメーション（MA）」と呼ばれるジャンルのツールを使いますが、どのツールも総じて多機能すぎます。これらのツールを導入しても、全機能を使いこなす必要は一切ありません。ほとんどの機能を使ってなくても、営業担当の訪問に優先度が付いているなら、それは成功していると言えます。理想を言えば、**どのようなルールで営業の優先度をつけるべきなのか、MAツールを導入する前に確かめておくべきです**。やりたいことを明確にしてから、それを実現できる最小限のツールを選びましょう。

「純粋想起」「ニーズ検知」で
費用対効果は向上する

「純粋想起」に加えて、「ニーズ検知」まで実現すれば、日常生活フェーズにおけるデジタル活用の費用対効果はかなり高くなります。

例えば、私の会社で提供するBtoB商材は、「インターネット広告」や「ブログ記事執筆」によって約1万人の濃厚リストを獲得しており、これにかけたコストは約1000万円です。1万人に対して1回メールを配信すると、そのうち1％の100人がクリックしてニーズを検知できます。100人のうち、20％（20人）が商談化し、そのうち10％（2件）を受注すれば、1件あたりの売上が100万円だとして、200万円の売上増加が見込めます。

メールを毎週送れば、年間50回のチャンスがあり、合計1億円分の売上増加が見込めます（図5-2参照）。濃厚リストを作るのには1000万円しかかけていませんし、さらに翌年もこのリストはストックとして残ります。

さらにニーズを検知できていなくても、特に重要なターゲットユーザのリストを獲得したならば、すぐに営業をかけても良いでしょう。営業組織を強化し、電話できるリストの割合を増やせば、さらに費用対効果が良くなります。

さらにデジタルによるコストカットを推進するなら、営業担当の製品説明を動画化したり、顧客のよくある質問をチャットボット化したりすることもできます。**人間にしかできないと思っていた仕事を、デジタルに置き換えるチャレンジは今後も続く**でしょう。

デジタルの費用対効果は非常に高く、あなたのビジネスでも革命を起こす余地は十分にあります。しかもデジタルは、TVCMなどと異なり、最小コストでスモールスタートできます。零細企業でも、商店街の飲食店でも、自社のターゲットに絞り、予算感に合った仕掛けを作ることで、かつては超大企業にしか実現できなかったマーケティング効果を期待できるのです。

図5-2 濃厚な顧客リストの費用対効果

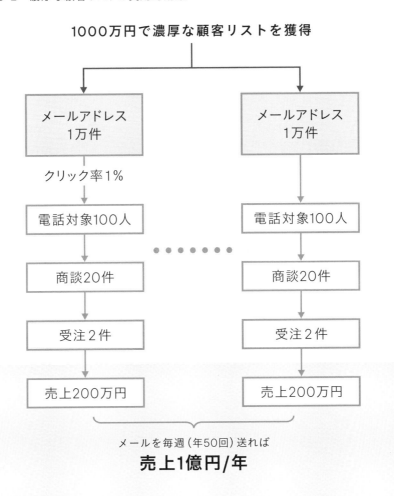

Chapter 5　まとめ

 世の中にある大半の商品は、人生を占める大半の時間において、まったくニーズがない。ある時偶然、企業の手の遠く及ばない「外部要因」によってニーズが発生し、唐突に購買検討フェーズに入る

 デジタルを駆使しても、ニーズの火は起こせない。偶然ニーズが顕在化した時に「純粋想起を獲得する」ことと、最速で「ニーズを検知する」ことがデジタル活用の目的になる

 TVCMは「連呼」によって「純粋想起」を獲得している。「連呼」するだけならデジタルでも十分代替可能である。ターゲットを絞ること、ストック化すること、連呼にコストをかけないことを守れば、TVCMに勝る費用対効果で「純粋想起」を獲得できる

 営業担当は「定期訪問」によって顧客のニーズを検知している。「定期訪問」は、濃厚なターゲットリストに対して、定期的に通知を出し続ける行為によって、デジタルでも代替できる。通知への反応を「シグナル」として検知すれば良い

Chapter 6

「初回購入フェーズ」の
定石

火の点いたニーズは
曲げられない

回りくどい説得は一切必要ない

「初回購入フェーズ」の定石はシンプルです。**すべての顧客接点から、最速でゴール直行を狙います**。購入してもらうための回りくどい説得は、一切必要ありません。本項目ではその理由を解説します。

まず初回購入フェーズのユーザ行動を紹介します。本書冒頭で紹介した「転職ユーザ」を例にすると、転職の検討を始めてから、どこかの求人に応募するまでの行動です。

例えば、半年に1回の人事評価で思ったように給料が上がらず、そのうえ上司からは理不尽なフィードバックを受けた社会人2年めの若手社員を想像してみてください。

その日はモヤモヤが収まらず、同僚と一緒に居酒屋に行き、会社への不満を散々ぶちまけて、帰りの電車で1人になります。自宅までは片道60分ありますが、運良く電車ですぐ座れました。スマートフォンを開いて何気ない気持ちで「転職」と検索します。まだ転職する気はありませんが、半ばやけくそで入力してみました。

検索で一番に出たのは有名な転職サイトです。本書冒頭でも紹介した「求人検索型」のサイトで、まず職種で絞り込めるようになっています。今は営業職ですが、もう人に頭を下げる仕事は嫌です。横にあったマーケティング職のリンクをクリックします。営業企画、宣伝、リサーチなど絞り込みの選択肢が出てきますが、どれも未経験でイメージが湧きません。試しに2-3個求人を見ますが全然ピンと来ないためそのまま離脱します。

まだ時間があるので、検索の広告で一番上に出てきたハイクラス求人

転職のサイトに入りました。自分がハイクラスとは思えないけど、どんな求人があるのかなという軽い気持ちで見ます。すると、求人を見るにはFacebookログインが必要とのことでした。本書冒頭で紹介した「会員登録型」のサイトです。Facebookに投稿されるとまずいなと思いつつ、さすがにそんなことはないと思い登録します。登録はすぐ終わりましたが、そのあと、職務経歴書の入力など、ひどく時間のかかりそうなページが表示され、だんだん面倒になってきました。

　焦って転職しなければならないわけでもないし、今日はもういいやと思って、Twitterを開き、時間を潰しつつ帰宅しました。翌日の朝、知らない電話番号から不在着信があり、連絡し直すと昨日登録した人材紹介でした。自分に合った仕事など色々あると思うから一度遊びに来ないか?と言われたので、そのまま面談の日程を設定しました。

初回購入フェーズでは「目的の情報」以外見てくれない

　デジタルは「セルフサービスチャネル」です(38ページ参照)。ユーザは自分の好きなものしか見ません。特に「初回購入フェーズ」のユーザは、最も視野が狭く、目的の情報以外はほぼまったく見てくれません。転職ユーザの例では「求人情報」以外何も目に入りません。

　初回購入フェーズのユーザは、外的要因などによりニーズが発生し、それを満たすために情報を探しています。目的が明確なため、関係ない情報には目もくれず、少しでも的を外した情報なら瞬間的に離脱します。転職ユーザの例では、1つめの転職サイトでピンと来ない求人が2-3個続いただけで、サイトから即座に離脱してしまいます。

　さらに先述の通り、企業の営業トークも敬遠されます。ユーザのニーズを満たしたうえで、ようやく3秒以内の営業トークならギリギリ聞いてもらえるというレベルです。転職ユーザの例では、1つめのサイトのトップページにでかでかと掲げられた「No1」の文字は目に入りません。企業側のキャッチコピーで目に入ったのは、2つめのサイトの「ハイクラス」のみですが、

これは「求人」に関する補足情報だったためです。

　世の中の多くのWeb広告やWebサイトは、初回購入ユーザの獲得を目指しています。そのために洗練されたデザインやキャッチコピー、有名なタレントを駆使して、広告バナーや広告の受け皿となる「ランディングページ（LP）」を作り上げます。

　しかしこうした努力は虚しく、それほど効果がありません。**「ランディングページ」のデザインやコピーを最適化したところで、売上の伸びる幅は良くて10%〜20%増加程度**です。売上額が大きければ、それほど悪くない伸び幅かもしれませんが、デジタルによるビジネスモデル変革というレベルではありません。

　伸び幅が奮わない理由は明白です。ユーザは自分のニーズを満たす情報が欲しいだけであり、Webのデザインにもコピーにもタレントにもまったく興味がないからです。どんなに魅力的な「ランディングページ」を作ったとしても、一度火の点いたユーザニーズは、どうにも曲げようのないものなのです。転職ユーザの例では、操作後に先ほど見ていたサイトの「タレント」や「テーマカラー」を尋ねても、答えられないでしょう。そんな本筋に関係ない情報はまったく記憶に残らないのです。

最速で的確にユーザのニーズを満たす

　デジタルにできることは、何か期待を持って訪れたユーザに対して、最速で的確にニーズを満たすことだけです。

　しかし当然ながらニーズを満たすだけでは不十分です。初回購入につながるアクションに誘導しなければなりません。例えば、BtoBならお問い合わせ、ECサイトなら初回購入、ニュースサイトなら会員登録などです。**その場ですぐ購入しなくても、その先で売上につながるアクションに導く必要があります。**

　アクションに導くまでに、長いページを読ませたり、複数ページを遷移させたりすれば、ユーザが離脱する可能性を高め、機会損失につながり

ます。ユーザはせっかちです。企業側が意図するようには行動してくれません。ページを見る順番も、目に入るエリアも、興味を持つ箇所も、ユーザによってバラバラですし、コントロールは困難です。企業側が恣意的に用意したシナリオ通りに進むユーザなんて皆無でしょう。

　ここから初回購入フェーズのデジタルにおける唯一絶対の解が導き出されます。それは、**つねに「ゴール直行」を狙う**ことです。ユーザがどこにいようとも、その時のニーズを想像し、その期待を満たす「ゴール」を設定して直行させるのです。

「ゴール直行」の仕掛けを作る

「ゴール直行」とは何かを解説するために、あるメール共有ソフトのWebサイトの例を紹介します。このWebサイトでは、**全ページから個人情報を獲得できるフォーム（ゴール）への直行を狙っている**のです。

　トップページには、そのソフトの固有名詞で訪問するユーザが多く、純粋にそのサービスについて知りたいというニーズが大多数です。そこで、「興味があるなら試しに使ってみませんか？」と「無料トライアル」フォームへ直行させます。

　料金ページには、当然ながらそのソフトの料金体系が知りたいと思って訪問するユーザが多いと想定されます。そこで、くわしい料金を知りたい人のために用意した「料金表ダウンロード」フォームへ直行させます。「お見積り」フォームでも良いかもしれません。

　事例ページには、「自社と似た企業で使っているところはないか？」「上司に説明する時に便利な事例はないか？」と思って訪れますが、1つひとつの文章量が多く、読むのは大変です。そこであとでゆっくり読んでもらうために「事例集ダウンロード」フォームへ直行させます。

　機能ページでは、ソフトの機能をすべて掲載したために、かなりわかりづらくなっています。そこで簡単に概要を理解してもらえるように「3分でわかる機能紹介資料」フォームへ直行させます。

図6-1 メール共有ソフトのWebサイトにおける「ゴール直行」例

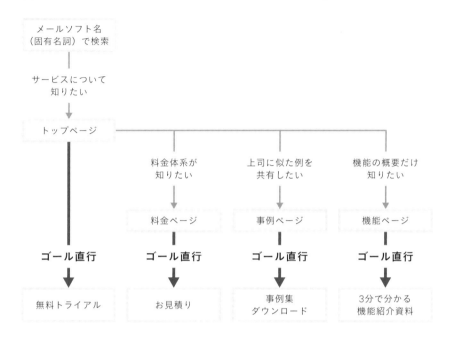

　この例では、いずれもページ別に発生しているニーズを、ゴールに直行することで解決できる仕掛けにしました。長いページを読ませたり、複数ページを読ませたり、そういう小難しい説得は一切行なわず、「ニーズ＝ゴール直行」という仕掛けを、全ページで作り出したのです。
　ユーザの望まない営業トークはいくら用意してもまったく読まれません。かといってユーザのニーズに応え続けてもビジネスゴールにつながりません。折衷案が、最速でニーズを満たす「ゴール直行」であり、これが初回購入フェーズにおける唯一の解なのです。

Webサイトは
入口ページの集合体になる

「入口ページの集合体」こそ
Webサイトの理想形

　Webサイトで全ページから「ゴール直行」を狙う場合、1つひとつのページは単体で成立していることが必要です。サイト内を回遊させる必要はなく、各ページは単独でユーザニーズを満たし、ゴール直行を狙います。

　これは言い換えると、様々なニーズを持った人を外部から集客し、ニーズの数だけ入口ページを作ってゴールに直行させる「入口ページの集合体」がWebサイトの理想形です。

　銀行のWebサイトを例に、「入口ページの集合体」とは何かを解説します。銀行に用があるユーザのニーズは、預金、投資、ローン、保険など多岐に渡ります。支店の窓口なら、まずは整理券を取り、担当窓口に振り分けられ、そこで用件を伝えて、ようやく希望する情報収集や手続きにありつけます。

　一方デジタルなら、検索などから直接目的のページに入れます。「ローン 金利」「ローン 審査」「ローン 申込」など、ピンポイントのニーズに対して別々の受けページを用意し、それぞれに適したゴールへ直行させることができます。

　しかし、上記のようなニーズ別の入口ページを用意せず、トップページから何回もクリックしてようやく目的の情報にたどり着けるようなWebサイトがあったとすれば、それは支店窓口の劣化版と言わざるをえません。当然ユーザの離脱を招きます。

「ピラミッド型」Webサイトは
ゴールへの誘導力が弱い

　従来からよく見かける**情報構造を論理的にカテゴリ分けしただけの「ピラミッド型」Webサイト**は、**ユーザニーズを満たしづらく、ゴールへの誘導力も弱い典型的な失敗例**でしょう。Webサイトのカテゴリを設計する場合、情報構造の美しさではなく、ニーズの大きさで優先度付けしなければなりません。

　ニーズの大きさを測るために、外部流入から獲得できる訪問数を試算します。狙うニーズをテーマにした時の、検索エンジンでの検索回数、広告バナーでの集客数、SNSでの拡散数などを試算したうえで実装し、効果検証で見極めます。

　ニーズの大きさを測る際に、サイト内から回遊する遷移数は計算に入れません。サイト内では全ページからフォーム直行を狙うため、遷移数は少なければ少ないほど良いという思想で設計します。

　流入時の期待に応えられることを見出しで示し、その期待を満たすためにはすでに見えているフォームに入力してくださいという、シンプル極まりない説得方法が最も成果を出します。やはり複雑な説得よりも、期待に即時ストレートに応えるほうがユーザフレンドリーなのです。

　フォームを露出できないケースは、ファーストビューにフォームへのボタンを明示するのも有効です。効果はやや落ちますが、フォームへの誘導があるのとないのとでは歴然とした差が生じます。

　ここまで説明すると、本書の冒頭で紹介した「人材紹介」の定石にも納得いただけるかと思います。「求人検索型」のサイトは、流入時の期待に応えているものの、ゴールへの誘導が弱く、成果が出ません。一方で「会員登録型」のサイトは、流入時の期待に応えつつ、即座にゴールに誘導することで成果を創出します。

図6-2 「ピラミッド型」と「入口ページの集合型」の違い

✓ 大半の流入をトップページで受ける
✓ サイト内の各ページで顧客の説得を試みる
✓ リードの質を優先し、理解促進を狙う

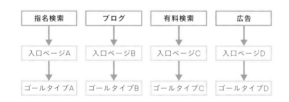

✓ **流入別に別々の入口ページで受ける**
✓ 説得を諦め、**障壁の低いゴールを複数用意**する
✓ リードの量を優先し、**ゴール直行を狙う**

ランディングページの
「縦の長さ」と「ゴール到達率」に相関はない

「ランディングページ（LP）」と言えば、非常に縦に長いページを思い浮かべる人もいるでしょう。10個以上のエリアで様々な訴求を試みるページは、ランディングページの基本的なフォーマットになっています。しかし、縦の長さとゴール到達率にはまったく相関がないことがわかっています。

勝負はファーストビューで決まるため、それより下の要素はほぼ無関係と言っても過言ではありません。むしろファーストビューで切れており、スクロールできないように見せたデザインのほうが、ゴール到達率が高いというデータすらあります。

ここでも思い返していただきたいのが、デジタルの活用目的は「コストカット」であることです。長いランディングページを作って運用するには、それなりの手間と時間がかかります。成果に影響しないファーストビュー以下の要素を作り込むことは害悪そのものなのです。

図6-3 初回購入フェーズで理想的なWebサイトの例

PCサイト　　　　　　　　　　　　　　　　　モバイルサイト

初回購入フェーズのWebサイトは、ファーストビューにフォームを露出したシンプルなページの集合体だと説明しました。これほどシンプルなWebページなら、素人でも簡単に作れます。Web業界では、これまでランディングページの研究が繰り返されてきましたが、成果の伸び幅が小さいわりに手間と時間がかかります。これからは定石に従って制作し、無駄な研究コストをかけるべきではありません。

　そうなれば、これまでランディングページに命をかけてきたWeb業界の人たちは廃業してしまうのでしょうか？　答えは半分YESで、半分NOです。確かにランディングページのデザインに命をかけてきた人の仕事はなくなります。一方で、成果を上げるための「変数」である「ゴール」と「集客」を設計し、その2つをつなぐ「ストーリー」を考えられる人材は、これからも求められ続けるでしょう。次項からはこれら「変数」の決め方について解説します。

ゴール設計による
伸び幅が一番大きい

ゴールをどこに設計するか?

　初回購入フェーズで最も成果を左右するのは「ゴール」設計です。

　例えば、あるBtoBサイトにおいて「お問い合わせ」と「ノウハウ資料請求」とでは、同じようなフォームでもゴール到達率は約10倍も違いました。

　端的に説明すると、ゴールの障壁が低いほど、ゴール到達率は高くなります。一方で当然ですが、ゴールの障壁が低いほど、リード(見込み客)の質は悪化します。このトレードオフの中で、最適なゴールを設計するのです。

　初回購入フェーズのユーザニーズは不変ですし、デジタル上で説得もできません。そうなれば、企業側でコントロールできるのは、デジタルと人間のつなぎ目であるデジタル上のゴールをどこに設定するかだけです。

　人間にパスすれば、デジタルよりも複雑な説得ができるため、視野の狭い初回購入フェーズのユーザにも柔軟に対応できます。確かにデジタル上で決済まですべて終わらせられるなら、それに越したことはありません。しかし、デジタル完結にこだわらず、人的工数をかけることで大幅に契約数が増えるなら、そのほうが望ましいケースもあるでしょう。

「ライフタイムバリュー(LTV)」を
最大化するポイントを見極める

　ここでは参考までに、障壁の高いものから順に、ゴールの種類を並べました。有料契約や無料依頼(オープンクエスチョン)の障壁は高く、サービス

に関連しない資料などは障壁が低くなります。

① 有料契約（定期）：定期購入
② 有料契約（単品）：単品購入
③ 無料依頼（オープンクエスチョン）：お問い合わせ
④ 無料依頼（サービス関連）：資料請求、見積もり、トライアルなど
⑤ 無料依頼（サービス関連しない）：ノウハウ資料請求など

ゴールを何にするかの判断は、LTV（ライフタイムバリュー、顧客生涯価値）によって決まります。例えば、あるBtoB企業の「お問い合わせ」と「ノウハウ資料請求」を比較してみましょう。

・お問い合わせ：訪問数1万×お問い合わせ率0.5％×商談化率30％×契約率10％×LTV100万円＝150万円
・ノウハウ資料：訪問数1万×資料請求率5.0％×商談化率10％×契約率3％×LTV100万円＝150万円

この試算の結果になるなら、Webサイトのゴールはどちらにしても同じです。始めからこのようなデータがすべてそろっていなくても、まずは仮説ベースで試算してみましょう。**ゴール設計による伸び幅が一番大きいため、様々なゴールを試し、LTVを最大化する地点を見極めるべき**です。

ゴールを柔軟に設計する考え方は、何もBtoBなど営業担当がすでに存在するビジネスに限りません。元々デジタルで完結することが一般的な「ECサイト」や「ポータルサイト」などでも検討余地があります。

例えば、価格.comのプロバイダ比較サイトには、コールセンターへの相談導線が設置されています。元々はデジタル完結で、プロバイダを比較したユーザが、そこから遷移した各社のサイトで契約すれば、成果報酬が発生するビジネスモデルです。しかし、成果報酬の金額がかなり高いため、コールセンターを設置し、電話で相談を受けても十分費用対効果が合うよ

うです。

　同様に健康食品や化粧品の単品通販では、コールセンターでの販売促進が常識になっています。例えば、デジタル上でお試し商品（有料）の購入を希望したお客さんに、電話で「今、定期購入にしていただければ、お試し商品は無料で差し上げます。もちろん定期購入は来月解約いただいても大丈夫です」と定期購入契約に引き上げます。

　コールセンターは、単品通販以外のECサイトでも有効に機能する可能性があります。LTVの高い商品や、1回の購入金額が高い商品を扱っているなら、デジタル上でのゴール障壁を下げて、まずはコールセンターまでつなぐ導線を作っても、費用対効果が合う可能性は十分にあります。

　ECサイトであれば、ゴール設計に「商品」も含まれます。**新規会員を獲得できる商品が見つかれば、初回購入が赤字でも販促費用とみなして提供しても良いでしょう。**

　BtoBなどと同様に、LTVで費用対効果が合えば良いだけです。ECサイトは一般的にリピート前提で成立するビジネスなので、初回購入の費用対効果が合わなくてもまったく問題ありません。

　ECはコントロールできる変数が多く、商品、販売価格、広告、特集LP制作、送料無料などを操作して、最適な組み合わせを発見していきます。さらにChapter7で紹介するLTVを伸ばす施策がうまくいけば、さらに新規獲得にコストを割けるようになり、施策の幅が広がります。

ゴールを変更するためには
別部署との連携が不可欠

　ゴールを変更するためには、コールセンター、営業担当、商品仕入担当、倉庫担当など別部署との連携が不可欠です。組織をまたぐ調整は骨が折れますが、これこそがマーケティング担当として最も注力すべき仕事の1つと言えます。少なくとも、ランディングページのデザインをせっせと変えることよりは数十倍価値のある仕事です。

ゴール設計は、後工程の組織コンディションによっても左右されます。例えば、営業人員が不足している場合、あまり受注確度の低いリードを増やしすぎても回りきれません。中長期では、採用や育成によって営業リソースを拡大し、LTVが最適化するレベルを目指すべきですが、短期では実現が難しいこともあります。

　デジタルの活用により、リードの量と質を自由にコントロールできれば、いつでも柔軟にビジネスを拡大できます。このあと解説する「集客」施策は、投資金額で柔軟に調整できます。ゴールと集客の組み合わせによって、事業のPLを概ねコントロールできるようになれば、経営はきわめて安定した状態になります。

ゴールの障壁を少し下げれば
集客施策の幅が広がる

　理想論ではここまで述べたように、ゴール別にLTVを試算し、組織設計から柔軟に見直すべきです。しかし現実的には、組織が分かれており、急にドラスティックな意思決定は難しいことがほとんどです。

　まずは営業やコールセンターなどの組織は今のままで、ゴールの障壁を少しずつ下げることから始めましょう。少し薄いリードでも、他部署が対応してくれるようになれば、施策の幅が広がり、リード数を増やせます。

　例えばゴールが「お問い合わせ」だった時は、ディスプレイ広告を出しても一切ゴールにたどり着かなかったが、ゴールを「サービス資料請求」に変更したところ、広告からでもゴールに到達するようになった事例が多々あります。ゴールの障壁を少し下げると、対応可能な集客施策の幅が広がり、リードの数が増えます。

　リードの数が増え、売上に貢献し始めると、徐々に「ゴール」を変更することの意義が社内に浸透し、他部署も協力的になるでしょう。経営にまで伝われば、大なたを振るって営業フローを改革する機運も高まります。理想形を意識しつつも、まずはできることから徐々に始めてみることをオススメします。

3段階で変化する
検索キーワードから集客する

Googleを起点に集客を検討する

初回購入フェーズのユーザを集客できる媒体は限られます。世の中の大半のユーザは「日常生活フェーズ」です。ニーズが顕在化しているユーザがいる場所はかなり限られます。

ニーズが顕在化したユーザは、主に検索エンジンを起点に行動します。日本の検索エンジンは、GoogleとYahoo!がメジャーですが、どちらも裏側はGoogleの仕組みなので、Googleにだけ対応すれば問題ありません。

Google以外にSNSでも検索されます。アパレルや飲食店などオシャレな画像を検索したい場合にはInstagram、リアルタイム情報を検索したい場合はTwitterと、複数の検索エンジンを使い分けるユーザもいます。ただGoogle検索に比べれば、「初回購入フェーズ」での利用数は微々たるものです。大局を見るだけなら気にしなくて良いでしょう。

いずれにせよ、**初回購入フェーズのユーザを集客するには、各時代で使われている検索エンジンを起点に検討すべき**です。それがGoogleであろうがTwitterであろうが、根本的な差はありません。

検索には3つの段階がある

検索には大きく3つの段階があります。**時系列順に、「選び方の勉強」検索、「候補洗い出し」検索、「候補絞り込み」検索の3つ**です。それぞれについて解説します。

①「選び方の勉強」検索

　ニーズが発生すれば、まずそれをどのように満たすかを考えます。

　例えば、歯がかけてしまって「インプラント（あごの骨に埋め込む人工歯）」を検討しているユーザの場合、そもそも「インプラント」とはどのような施術なのかから調べます。

　料金はどのくらいか？　リスクはないのか？　見た目の仕上がりはどんな感じか？　ほかに選択肢はあるのか？など検索して勉強します。この過程で見るサイトは、テキスト中心の「記事」ページがほとんどです。勉強する意志が強い場合、書籍を購入したり、セミナーに参加したりすることもあります。

　このフェーズのユーザは、まだ商品やサービスの絞り込みを検討していないため、ゴール直行を狙う場合、かなり障壁の低いゴールを用意します。「インプラント」の検討なら、「インプラント初めてガイド（冊子）」の無料ダウンロードならしますが、「銀座インプラント歯科医院」の来店予約は絶対しません。

　冊子ダウンロードほど薄いユーザでも、電話をかけるなどで商談化できるビジネスなら、この検索段階のユーザも狙えます。しかし「インプラント」は地域商圏のビジネスなので、この段階で集客を頑張ったとしても、実りは小さいと言えます。

②「候補洗い出し」検索

　ニーズを満たすための方針や選び方に納得すれば、次は候補の洗い出しを始めます。

「インプラント」の例では、「インプラント 東京」「インプラント 銀座」などエリアで通える歯科医院を探します。

　この段階では、比較サイトや口コミサイトなど、複数の歯科医院を紹介するサイトが検索結果の上位に並びます。物販なら楽天やAmazonなど、

商品点数の多いモールECサイトが上位に表示されます。Googleの検索結果は、ユーザの求めるものを上位に表示しますが、これは複数の候補を洗い出して比較したいというユーザニーズを反映したものです。

「インプラント」の例では、歯科医院の比較サイトや、Googleマップに登録された店舗一覧が上位に表示され、ユーザは迷わずそれらのページを開きます。その中で、自分の症状にあったインプラントの施術をやっているか、口コミの評価はどうか、通いやすい場所にあるかなど、自分なりの選択軸で2-3個の候補に絞り込みます。

このフェーズのユーザは、公式サイトには訪れません。比較サイトなどの中で「資料請求」や「購入」へのゴール直行を狙います。ただ比較サイト経由では紹介料を差し引かれることもあるため、次の「候補絞り込み」段階での自社公式サイト訪問につなげるほうが重要です。外部のサイトではありますが、正しく網羅的な情報を掲載したり、投稿された口コミに丁寧に返事したり、コンテンツを充実させることが有効です。

逆に比較サイトを運営している場合は、この段階でのゴール直行を狙わなければなりません。次の「候補絞り込み」検索の段階に移行してしまえば、比較サイトに戻ってくる確率がかなり落ちるからです。

③「候補絞り込み」検索

候補を2-3個に洗い出したら、最後に1つに絞り込みます。この時は「社名」「サービス名」などの指名検索で公式サイトに訪問します。併せて「社名＋口コミ」でも検索されるため、どのようなWebページが上位に表示されているのかを確認しておきましょう。

公式サイトでは、比較サイトに記載していた内容を最終確認し、各ユーザが気になる情報を確認して、候補を絞ります。「インプラント」の例では、トップページ、価格ページ、メニューページなどをサラッと見て、ユーザの主観で病院を選びます。

ここまで候補が絞り込まれた状態で訪問していれば、「ゴール直行」施策は有効に機能します。障壁の高いゴールでも通過する可能性が高まり

図6-4 3段階で変化する検索キーワードと成功のポイント

「選び方の勉強」検索	「候補洗い出し」検索	「候補絞り込み」検索
How to Choose	Which is The Best ?	Official Website
✓ニーズが発生すれば、まずそれをどのように満たすかを考える ✓テキスト中心の「記事」ページを中心に訪問する ✓まだ商品やサービスの絞り込みを検討していないため、かなり障壁の低いゴールでなければ直行させられない	✓ニーズを満たすための方針や選び方に納得すれば、次は候補の洗い出しを始める ✓比較サイトや大型ECモールなど、複数候補を紹介するサイトに訪問する ✓比較サイト内でもゴール直行を狙う。さらに次の「候補絞り込み」段階で、自社公式サイトに訪れてもらえるようにする	✓候補を2、3個に洗い出した後は、最後に1つに絞り込む ✓「社名」「サービス名」などの指名検索で公式サイトに訪問する ✓公式サイトでは、比較サイトに記載していた内容を最終確認する。ここまで候補が絞り込まれた状態で訪問していれば、「ゴール直行」施策は有効に機能する
顧客数：多 | 獲得率：低	顧客数：中 | 獲得率：中	顧客数：少 | 獲得率：高
成功のポイント	成功のポイント	成功のポイント
記事執筆＋障壁の低いゴール	比較サイトや大型モールでの露出	信頼醸成とゴール直行

ます。

　一度離脱したとしても、過去に訪問したユーザにだけ表示する「リターゲティング広告」によって、再訪を促すこともできます。

　このように3段階の検索を経て、ユーザは初回購入フェーズを完了します。商材やユーザによっては、いくつかの段階をスキップすることはありますが、初めて何かを購入する時は、概ねこの思考ステップをたどります。

　当然、後半の段階に進むほど残っているユーザの「数」は減り、「質」は高まります。最後の「候補絞り込み」検索のユーザを獲得できるのは当たり前ですが、それ以前の**「選び方の勉強」検索と、「候補洗い出し」検索の段階で、どれだけ多くのユーザを獲得できるかが勝負のポイント**です。

最も競争が激しいのは
「候補洗い出し」検索

　検索の順位は、各サイト間での熾烈な競争によって決まります。3つの段階では、「候補洗い出し」検索の競争が最も激しいでしょう。売上に直結する状況のユーザが検索しており、比較対象となるライバルも多いためです。

　この段階のユーザは、どの企業も喉から手が出るほど欲しいため、広告コストが高騰して費用対効果が合わなくなることもしばしばです。集客で競争優位を高めたいなら、これより手前の「選び方の勉強」検索や、それ以前の「日常生活フェーズ」でユーザに接触しておかなければなりません。

　この「選び方の勉強」検索以前のユーザを獲得するためには、前述の通り「ゴール」の障壁を下げるしか手段がないのです。例えば、選び方を検索しているユーザに、「選び方のノウハウを資料にしました」と訴求し、無料ダウンロードに誘導すれば高確率でリードに転換できます。

SEOだけの検索集客は
視野が狭い？

SEOだけで集客しようとすると
視野が狭くなる

　検索から集客するなら「SEO（検索エンジン最適化）」を思い浮かべる方も多いでしょう。SEOとは、自社のWebサイトがGoogle検索で上位表示されるように最適化する施策です。確かにSEOで順位が上がれば無料で集客できますが、これだけでは不十分です。

　先述の通り、検索行動は3段階で変化します。この中でユーザニーズは変化し、閲覧するWebサイトも様々です。比較サイト、記事サイト、ポータルサイト、Googleマップ、競合サイトなど様々なページを閲覧します。無理やり自社サイトにSEOで集客しようとするばかりでは、視野が狭くなってしまいます。

　まずは**自社の商品を初めて購入しうるユーザが、どのようなキーワードで検索するかを洗い出し、その体験をトレースする**ことから始めます。

　最初に狙うべき「キーワード」を洗い出します。自社商品の初回購入フェーズで、ユーザが検索しそうなキーワードを洗い出します。まずは自分の中で思いつく限り洗い出します。思いついたキーワードをGoogleで検索し「関連ワード」として表示されるキーワードや、類語として登場するキーワードからもピックアップします。

　次に**Googleの「キーワードプランナー」を用いて、各キーワードが毎月どのくらいの回数検索されているのか試算します。**Googleの「キーワードプランナー」は、Googleで広告を出すための管理ツールです。どのキーワードに広告を出すか検討するために、毎月の検索回数を大まかに教えてくれます。

洗い出したキーワードの中には、まったく検索されてないキーワードも含まれているはずです。誰も検索していなければ、集客を見込めませんので、それらのキーワードは優先度を下げてしまいます。

　検索回数の多いキーワードが明らかになれば、1つずつ実際にGoogleで検索し、表示される結果を見てみましょう。Googleは検索するユーザのニーズを満たす結果を上位に表示します。言い換えると、上位のページを見れば、ユーザのニーズが透けて見えるのです。

図6-5　「視野の狭いSEO」と「視野の広いSEO」の違い

「候補絞り込み」段階のキーワード

　まず「候補絞り込み」段階のキーワードは、特に努力をしなくても自社公式サイトが上位に表示されるはずです。

　表示されない場合は、Webサイトを構築するHTMLというプログラミングの文法に不備があります。または過去にGoogleが禁止する手法でSEOを仕掛け、ペナルティを受けている可能性があります。簡単に売上

に直結するキーワードですので、確実に対応しておきましょう。

「候補洗い出し」段階のキーワード

　次に「候補洗い出し」段階のキーワードは、比較サイトやモールECなどが上位に表示されます。個別の商品を紹介するサイトは、こうしたキーワードで上位表示できませんので、SEOの対象からは除外します。

　上位に表示される他社サイトには、できる限り自社商品の情報を網羅的に掲載します。

　先述の「インプラント」の例では、比較サイトにインプラント施術の種類やメニューが明記されていないと候補から落とされてしまいます。インプラントでも、一部の歯だけ、すべての歯、施術後のメンテナンスなど、幅広いニーズがあるのです。

　口コミを投稿できるサイトが上位に表示されるなら、すべての口コミに丁寧な返事を書くべきです。ユーザは悪い口コミほど読みます。悪評に対して何も反論していなければ、非常にネガティブな印象を与えてしまいます。たとえ悪い口コミが書かれても、誠実かつ正当な対応をしているなら、断固として反論すべきです。反論の内容が正当なら、逆に口コミを読む第三者の信頼を勝ち取ることができます。

　同時に、既存顧客に口コミを書いてもらえるよう、働きかける努力も重要です。ポジティブな口コミはそれほど読まれませんが、高評価が多数ついていれば信頼につながります。

　できればチャレンジしたいのは、比較サイトやモールECサイトの順位ハックです。SEOと同じように対象サイト内で自社商品の表示順位を上げます。**順位ハックの基本は、対象サイトの「ポリシー」を分析することです。**

　Googleはユーザが求めるページを上位に表示します。Amazonは「地球上で最もお客様を大切にする企業」を謳うだけあり、商品の売上に加えて、ユーザレビューを重視します。楽天はユーザレビューも評価しますが、

店舗売上や広告出稿額の大きさを重視します。個人が運営するアフィリエイトサイトは、ポリシーが曖昧なことが多く、広告額の大きい企業を恣意的に上位表示します。

このようなポリシーの分析から、順位上昇を仕掛けるのです。

「選び方の勉強」段階のキーワード

最後に「選び方の勉強」段階のキーワードは、多くの場合「記事ページ」が上位に表示されます。**上位3位の記事を読み、そこから検索しているユーザのニーズを想像します。**そのうえで上位3つよりもユーザにとって役に立つ記事を書ければ、検索順位で1位を獲得できます。現状上位を占めているページが、それほど著名なサイトでもない限り、自社サイトでも上位を狙える可能性が十分あります。

例えば、私の勤める株式会社WACULが運営する「ブログ」は、検索エンジンから記事詳細ページへの流入だけで、月間500件近いサービスへのお問い合わせをいただいていました。弊社がこのブログを立ち上げた時の従業員数はわずか20名弱で、知名度もまったくありませんでしたが、ユーザニーズを満たす品質の高い記事を書き続けただけで、これだけ多くのお問い合わせを獲得するにいたったのです。

先述の通り、デジタルは、会社の規模も知名度も関係なく、良質なコンテンツと商品さえ作れば、十分集客可能なマーケティング手段なのです。

記事ページは、100ページほど書いたタイミングで集客効果を発揮し出します。記事ページの数を増やさなければ、Googleに「専門性」の高いサイトだと認定してもらえないためです。このように最初に手間と時間がかかることから、着手する企業が意外に少ないため、一度作ってしまえば強力な競合優位性になります。

「選び方の勉強」段階のキーワードでは、SEO以外の手段も有効です。GoogleやYahoo!に検索広告を出せば、すぐに初回購入フェーズのユーザを集客できます。**特に自社サイトに掲載した記事ページが少ないうち**

は、Googleの評価が上がりづらいため、広告で集客するのもオススメです。

　さらに**検索上位に表示されているページに、自社の広告を掲載してもらえないか直接打診するのも有効**です。アフィリエイトサイトや比較サイトなら、成果報酬で広告掲載できる可能性があります。ステルスマーケティングにならないように、広告であることは必ず明記しましょう。

　ほかにも、自社と近いテーマで運営されている専門誌のようなメディアサイトがあれば、記事広告を書いてもらい、検索で上位表示を狙うことも可能です。記事広告を書く際は、自社サイトでのSEOとまったく同じで、特定のキーワードを狙い、ユーザニーズを満たせるように書きます。

　1つのキーワードに対して、同じWebサイト内からは原則1ページしか表示されません。自社サイトのSEOしかやっていなければ、検索結果には原則1ページしか表示されないということです。しかし、複数のWebサイトに、自社の息がかかった記事広告を掲載すれば、特に重要なキーワードだけでも検索結果をジャックすることができるのです。

　ただし検索結果をジャックすることが、必ずしも検索するユーザの利益につながらない場合、すぐに順位は落ちてしまうでしょう。ユーザに価値ある情報を提供するというGoogleポリシーに沿った形で施策を打たなければ成果は持続しないのです。

Chapter 6　まとめ

 初回購入フェーズのユーザは、目的が明確なため、関係ない情報には目もくれず、少しでも的から外れた情報なら瞬間的に離脱する

 初回購入フェーズでは、すべての顧客接点から、最速でゴールへの直行を狙う。長いページを読ませたり、複数ページを読ませたり、そういう小難しい説得は一切行なわず、「ニーズ＝ゴール直行」という仕掛けを、全ページで作り出す

 様々なニーズを持った人を外部から集客し、ニーズの数だけ入口ページを作ってゴールに直行させる「入口ページの集合体」がWebサイトの理想形である

 最も成果を左右するのは「ゴール」を何にするかの判断。企業側がコントロールできるのは、デジタルと人間のつなぎ目であるデジタル上のゴールをどこに設定するかだけである

 ニーズが顕在化したユーザは、主に検索エンジンを起点に行動する。検索には大きく3つの段階があり、時系列順に「選び方の勉強」検索、「候補洗い出し」検索、「候補絞り込み」検索と変化する

 検索行動の中で接触可能なすべてのポイントで、ニーズに沿った「ゴール直行」を仕掛ける。自社Webサイトに限らず、比較サイト、記事サイト、Googleマップ、競合サイトなどを考慮する

Chapter 7

「継続購入フェーズ」の
定石

売り切り型のビジネスは
終焉する

「売り切り型」から「継続購入型」へ

デジタルの浸透により、企業と顧客のパワーバランスが逆転したことは、ここまでに何度も述べました。この変化により、企業側に有利だった「売り切り型」のビジネスは終焉を迎えようとしています。「売り切り型」とは、「一度売ってしまったら、あとはご自由に」というビジネスモデルです。

これからはサブスクリプションに代表される「継続購入型」のビジネスが主流になります。**「継続購入型」は、顧客に価値を提供し続けることでLTV（顧客生涯価値）を最大化するビジネスモデル**です。

随所でよく聞く事例かとは思いますが、法人向けシステムの業界では、売り切り型の「フルスクラッチシステム」が、継続購入型の「SaaS（Software as a Service）」に置き換えられつつあります。

従来の「フルスクラッチシステム」は、導入と同時に提供者側が利益を回収できます。導入後に使いづらい点があったとしても、途中解約はできません。さらに運用にあわせて要件変更する場合は、高額な追加開発費用まで請求できます。顧客側に不利なサービス提供形態と言えます。

これに対して、圧倒的にユーザに有利な提供形態が「SaaS」です。導入時に顧客が支払うコストはわずかで、その後も利用が継続する場合にのみ費用が発生します。提供者側は利益回収に時間がかかるうえ、途中解約のリスクも抱えるため、「フルスクラッチシステム」に比べればかなり不利な提供形態です。

「SaaS」といえば、継続的に売上が発生するため、経営的なメリットが大きいように見えます。しかし、それは「SaaS」の課金システムにのみ着目し

た誤った解釈であり、実際には提供者側にとっては不利な提供形態なのです。ここまでお伝えしてきた言葉を使うなら、「顧客主導」のビジネスモデルだと言えます。

「SaaS」によってユーザはほかのメリットも享受します。汎用的なシステムのため安価ですし、セキュリティや最新技術へのアップデートが自動的に行なわれます。逆に提供者の立場から見ると、つねにユーザに価値を提供し続け、アップデートし続けなければ選んでもらえないことになります。「SaaS」はカスタマイズ性が低いため、以前は大企業には敬遠されていましたが、今はメリットのほうが注目され、企業規模問わず幅広い企業に選択されています。

「顧客主導」の世界では、ユーザ側のメリットが大きい「継続購入型」の商品が生き残ります。「売り切り型」の高額なフルスクラッチシステムは、大企業の特殊な業務にのみ生き続けるシーラカンスのようなビジネスになってしまうのです。もちろん例外的に、安価に作れるシステムなら、自社で作ってしまったほうが安く済むケースはあるでしょう。

ほぼすべてのビジネスが
「継続購入型」に移行する

　この流れはもちろん、法人向けシステムの業界に限りません。ほぼすべてのビジネスにおいて、「売り切り型」から「継続購入型」への移行が進んでいます。

　例えば、店舗中心だった小売ビジネスでも、EC化が進んだことで、この変化が見られます。店舗での購入は、立地の影響が非常に大きく、「近くにある」だけでお客さんが集まります。近隣の競合店舗に勝てる品揃えだけ用意しておけば、あとはお客さん1人ひとりの顔は覚えずとも、毎回レジに持ってきた商品を売るだけの「売り切り型」接客で十分でした。

　しかし、EC化が進み、店舗で買わないユーザも増えています。ECには「立地」という概念がありません。マーケティングの4Pでも「PLACE」を検討することは少なくなりました。インターネットがあれば、1秒以内にど

のECでもアクセスできます。無限の選択肢がある中で、ユーザから選んでもらうためには、並々ならぬ努力が必要です。

　無限の選択肢の中からわざわざ自社のECまで訪れ、一度でも買ってくれたお客さんは、まさしく「神様」です。これまで何を買ってくれたか覚えておくのは当然ですし、買った商品のアフターフォローや、また来店いただけるようなお知らせなど、全力でおもてなしすることになります。これこそが「売り切り型」から「継続購入型」への移行なのです。

　メーカー企業でも「売り切り型」から「継続購入型」への移行が進んでいます。自動車業界のMaaS (Mobility as a Service) や、アパレル業界の定額レンタルサービスなど、ビジネスモデル自体をサブスクリプション型に移行するチャレンジも見受けられます。

　ただそこまでビジネスモデルを急変革しなくとも、今まで販売を流通企業に任せっきりだったメーカー企業が、デジタルを通じて直接顧客と接点を持てるようになったことが「継続購入型」移行の第一歩だと言えます。

　今までは「誰に売れたのか?」「なぜ売れたのか?」は流通企業のほうがくわしく、その先の「買ったあと満足したのか?」「どのように利用しているのか?」「また買ってくれるのか?」などはブラックボックスでした。

　デジタルによって、商品を購入した既存顧客から容易にフィードバックを得られるようになり、「売り切り型」の危うさを自覚できるようになったのです。

「人的労働力」を「デジタル」に置換する

　「継続購入型」のビジネスが拡大しているのは、デジタルの特性をうまく活用しているからにほかなりません。購入後もユーザに価値を提供し続けるには、インタラクティブな接客が不可欠です。しかし、人間が対応してしまっては、コストが永続的にかかるため利益率を圧迫します。一方でマス広告でもインタラクティブな接客は不可能です。

　人的労働力でしかできなかった接客を、デジタルが低コストで実現でき

るようになったため、今まで空白地帯だった購入後の支援にフォーカスしたビジネスが開花したのです。これまでも高単価・高利益率のビジネスなら、人的労働力で「継続購入型」のビジネスを成立させていたケースはありました。高級車のディーラー、プラチナカードのコンシェルジュサービス、総合広告代理店のマス広告営業担当などがこれに当たります。

　限られた業種でしか実現できなかった「継続購入型」のビジネスモデルを、デジタルを用いてコストカットすることで、ほぼすべての業界に適用できるのです。

「継続購入型」をデジタルで実現するなら、当然「顧客主導」が求められます。元々は高級車のディーラー、プラチナカードのコンシェルジュサービス、総合広告代理店のマス広告営業担当が受け持っていた仕事を、デジタル化しなければならないのです。

　こうした高給取りのビジネスパーソンによる一流のサービスを、セルフサービスチャネルで再現するなら、顧客の解像度を高め、すべてを先回りしてニーズを満たさなければなりません。

　昔ながらのビジネスにも「継続購入型」に近いものはありましたが、デジタルを用いていないがゆえに、「顧客主導」ではなく不完全な状態に過ぎません。

　例えば「生命保険」業界は、継続的に課金するモデルです。課金形態だけは「継続購入型」に見えなくもありませんが、契約後も顧客に寄り添えているサービスは多くありません。本来なら、結婚・出産・成人・退職などライフイベントに併せて、必要な保障が変化するため、顧客に寄り添った情報提供によりサービスの価値を高められます。そのほかにも、健康を促進することで保険金支払を抑制したり、保険以外の資産形成のアドバイスをしたり、様々な提供価値が思いつきます。最近ではこうした新領域に進出する保険会社も増えてきました。

　ほかにも、紙の新聞や通信教育も「継続購入型」に近いビジネスモデルでした。継続率を伸ばすために、新聞は人的営業を駆使し、通信教育

は人的採点を駆使してきました。しかし人的工数には限界があり、顧客行動データも取れないため、「顧客主導」の改善はなかなか進みませんでした。

　継続課金型のビジネスであっても、売り切り型のビジネスであっても、デジタルを用いた「顧客主導」の「継続購入型」ビジネスに移行すべき時です。すでに多くの企業が移行を始めています。まだ検討が進んでいない企業では、早急に着手すべきでしょう。

　特に日本を始めとする先進国市場では、今後人口が増えず、高齢化・保守化が進むため、新規顧客の獲得が難しくなります。既存顧客を大切にしてLTVを重視するという方針は、ほぼすべての企業の基本戦略になるでしょう。

　このChapterでは、「継続購入フェーズ」でデジタルを活用する定石を解説します。このフェーズは、成功パターンを抽象化して定石を見出すことが難しく、**最終的には自社の顧客に向き合うことでしか、正しい解が得られない**ことを最初にお伝えしておきます。Chapter6で説明した「顧客に会う」というアプローチが最も有効なフェーズは、この継続購入フェーズでしょう。

どのビジネスでも 「定期課金」を狙うべき

LTV＝購入者数×購入単価×購入期間

「継続購入型」ではLTV（顧客生涯価値）の最大化を目指します。LTVが上がれば、このフェーズより手前の「初期購入フェーズ」と「日常生活フェーズ」で、集客に使えるコストを増やせます。このフェーズで伸ばせるLTVこそがビジネスを大きくするうえで、最も大きな変数なのです。

LTVは、「購入者数」×「購入単価」×「購入期間」の3つの変数によって決まります。この中でもLTVに最も影響を及ぼす変数は「購入期間」です。「購入者数」と「購入単価」をどれだけ伸ばしても、すぐに離反してしまえばLTVはまったく伸びません。

「継続購入型」のビジネスを選択した時点で、顧客といかに長期のリレーションを築くかが最重要論点になるのです。

ここでデジタルの特性をおさらいしますが、デジタルはセルフサービスチャネルなので、ニーズの火を起こすことも、ニーズを曲げることもきわめて困難です。つまり、企業の意図通りに、「買う」行動を起こさせるのは、非常に難しいことを思い出しましょう。

「買う」行動を一度誘発するだけでも難しいのに、さらに「定期的に」何かを買ってもらうのは、本当に難しいことです。

「買う」行動を極力減らしてLTVを最大化する

　まず検討すべきは、「買う」行動を極力減らしつつもLTVを最大化するという方針です。これが「定期購入」「サブスクリプション」「リース」などの「定期課金」契約です。一度契約すれば、「解約」行動を起こすまで、「買う」行動なしに課金が続きます。デジタルで「離反率」を防ぐには確実に有効な手段だと言えます。

　先述した法人向けSaaSを始め、健康食品などの単品通販、Netflixなどのコンテンツ配信などは、「定期課金」契約の典型でしょう。すでに「定期課金」が主体となっているビジネス事業者の方は、この項目は読み飛ばしても構いません。

「都度課金」を
「定期的都度課金」に置き換える

　一方で、「定期課金」を導入しているビジネス事業者は決して多くありません。特にオフライン店舗での売上に依存してきた「小売」「メーカー」「飲食店」など多数の業界では、未だに「都度課金」が一般的です。このようなビジネスでは、「定期課金」を導入する余地がないか、一度検討してみると良いでしょう。

　例えば、元々小売店を営んでいた複数商品を扱うECサイトでは、訪問の度にカートに商品を入れて購入する「都度課金」が主体です。

　しかし、**もし少数のユーザにでも、定期的に購入している商品があれば、「定期購入」導線を用意すべき**です。

　さらに、**定期的に購入しうる商品を仕入・開発することも検討すべき**です。在庫が尽きず、粗利が高く、消耗品であることが条件です。こうした商品が売上のベースにあれば、経営の安定感が増します。「定期購入」は、化粧品や健康食品だけを扱う「単品通販」業者の専売特許ではなく、すべてのECサイトが検討すべき課金形態なのです。

もちろん、「定期課金」契約の獲得は、簡単なことではありません。例えば、健康食品の単品通販では、大規模なコールセンターを持ち、初回購入したユーザに電話をかけて「今、定期購入に切り替えていただければ、初回購入分を無料にします。もちろん定期購入はいつでも解約できます」と説得します。利益率の高い健康食品だからこそ、大規模なコールセンターを持ち、人的なフォローアップが可能なのです。

　このように「定期課金」は、相性の良い商材にのみ許された手段と言えます。そこで次の手段として、**定期的に都度課金する「ルーティン」を作り出す施策が有効**です。

　例えば、小売ビジネスなら、定期的に購入する商品を開発します。これもやはり在庫が尽きず、粗利が高く、消耗品であることが条件です。ユニクロの「ヒートテック」、無印良品の「グリーンカレー」、セブン‐イレブンの「コーヒー」などがこれに当たります。ほかにも、プリンタの「インク」、カミソリの「替え刃」のように、本体購入後の消耗品で定期的な購入を促す手法も有名です。

　デジタルに限らなければ、歯科医院や美容院が帰る間際の客に、次回予約の日程調整を提案する手法は非常に有効です。店舗ビジネスでもいかに定期的に訪れてもらえるか検討の余地があります。

「定期的に買う商品」＋「ついで買い」を誘発する

　最後に、数少ない「買う」行動が発生したタイミングで、売上を最大化することも忘れてはいけません。一度何かを「買う」と決めたユーザは、購入・契約を完遂する意欲がありますし、必要なら送料を払ったり来店したりする意志もあります。**ゼロから何かを買ってもらうよりも、「ついで買い」のほうがはるかに簡単**なのです。

　ECの「5000円以上購入で送料無料」という施策は、この「ついで買い」を誘発するために実施します。定期的に購入される商品が、平均3000円だとすれば、送料無料までの残り2000円で別の商品も購入してもらえま

す。この**アップセル（追加販売）**の売上と、送料の費用のトレードオフで、送料無料とする「**バー（基準金額）**」をどこにすべきか決めるのです。

　この施策によって、決して定期的には買わない商品でも、購入につながる可能性が出てきます。実店舗であれば、近くに寄った時にウィンドウショッピングしてもらい、たまたま買ってもらえていた商品は、ECではなかなか売れません。ECでこうした商品を売るなら、定期的に買う商品がある前提で、その「ついで買い」の機会を狙って販売するのです。

購入後も情報発信し続ける

　ここまで「課金形態」によって購入期間を伸ばす方法を説明してきましたが、当然これだけでは不十分です。

「買う」行動回数を最小限に抑えることは、デジタルでLTVを伸ばすための必須要件です。それに加えて顧客のニーズを満たし続けなければ、たとえ「定期課金」してくれたとしても、すぐに解約されてしまいます。契約期間を1年間以上に縛ったとしても、それが終わったら解約されてしまいますし、それでは結局「売り切り型」のビジネスモデルと何ら変わりません。

　例えば、定期課金の典型である、健康食品などの単品通販では、定期購入後の継続率に最も注力すべきです。購入した健康食品が、いかに利用者にとって有用なものか、購入後も情報発信し続けます。商品と同梱するチラシで商品に含まれる成分の研究データを詳述したり、TVのインフォマーシャルで改めて商品の良さを語ったり、機会を作ってコールセンターから電話をかけて説得したりします。

　半分笑い話ですが、単価の高い単品通販業者の中には、コールセンターのベテラン担当者が、LTVの高いユーザに電話をかけ、数時間談笑したのちに契約を死守するという会社すらあります。

全業種でユーザの生活時間を奪い合う

ユーザの「生活時間」に入り込めないと解約・離反されてしまう

最も重要なKPIである「購入期間」を伸ばすには、どれだけユーザの生活時間を多く占有できるかにかかっています。

あなたが継続的に課金しているサービスを思い返してみてください。オフライン・オンライン問わず、どのくらいの頻度でそのサービスに接触しているでしょうか？　水道、電気、携帯、住居、新聞、有料アプリ、いつも使うEC、いつもの居酒屋、仕事用の表計算ソフトなど、何でも構いません。おそらく大半は最低でも月1回以上、頻度の高いものは毎週・毎日接触しているでしょう。

これを企業視点で見ると、ユーザが起きている日中時間を、全業種の企業が奪い合っている状態です。あなたがアパレルブランドを営んでいたとして、競合は同じ価格帯・同じジャンルのブランドだけではなく、ユーザの時間を奪うTwitterであり、居酒屋であり、スマホゲームなのです。

この超熾烈な争いに勝つためには、あなたの企業やブランドに対して、少なからず好意を抱いてくれている人をターゲットにするしかありません。YouTubeやテレビを見るよりも、あなたの企業やブランド（商品）に時間を使いたいと思う人の好意に応えなければ、この競争に勝てる確率は皆無です。

定期課金契約を結んでいたとしても、ユーザとの接触頻度が低い状況下では、些細なことですぐに解約されてしまいます。例えば、定期購入を

始めたサプリメントの効果を実感できず、1週間くらい飲み忘れてしまったならば、次に商品が届いた時に解約する可能性は高いでしょう。

　ほかにも、夢のようなデータ分析ができるツールを会社で導入し、初日はあれやこれや触ってみたものの、1週間くらいかけて結局使いこなせた機能は全体の10%ほどしかなく、だんだん触らなくなってしまえば、予算策定のタイミングで管理部門のメスが入って解約にいたる可能性は高いでしょう。普段からユーザの生活時間に入り込めていないサービスは、簡単なきっかけでいとも簡単に解約・離反されてしまうのです。

顧客との接触頻度を上げるほうが
購入期間は伸びる

　一方で、「購入期間」を伸ばすために、ユーザの生活時間を気にしないという戦い方も一応あります。

　例えば、使っていることを「忘れさせる」方法です。携帯アプリなどで、課金していることを忘れたまま、知らずにお金が引き落とされているケースは意外にあります。少額なら解約が面倒なためそのまま放置されていることもあるでしょう。

　しかしこの方法よりも、**顧客との接触頻度をしっかり上げたほうが、結果的に「購入期間」が伸びることが様々な業種で証明されています**。何よりも、この方法では離反を抑えるためのアクションが何も打てないため、最も改善幅の大きい変数を捨てることになってしまいます。

　ほかには、営業担当の活動履歴を可視化する「営業支援システム（SFA）」のように利用期間に応じてデータが蓄積されるタイプのビジネスは、ユーザと普段接触しなくても継続する可能性があります。解約すればデータが失われてしまうため、データを人質に「購入期間」を伸ばすのです。

　しかし通常、こうした記録はデジタルデータで保持されていますから、他サービスへの移行も容易です。自社の独自フォーマットでしか記録できず、他サービスにデータを移せないとなれば、顧客からのクレームが鳴り

止まないでしょう。

　最後に、セキュリティソフトのように、普段見ることはないが裏側に存在していること自体に価値のあるタイプのビジネスも、ユーザと接触する必要がありません。業種は限られますが、このタイプのビジネスは確かに「購入期間」を長くすることができます。

　しかし、同業他社へのスイッチングコストは低いため、例えばセキュリティソフトならPC買い替えと同時に解約される可能性があります。顧客との接触頻度を上げづらいがゆえに、顧客から好意を持ってもらえず、外部要因をきっかけにして簡単に解約されてしまうのです。

「コンテンツ」と「ルーティン」で
生活時間に入り込む

磨き抜かれたコンテンツを量産する

　再現性を持って「購入期間」を伸ばすためには、ユーザの生活時間を多く占有することが王道であり、最もコントローラブルな方法です。

　ユーザに生活時間を割いてもらううえで、デジタルで再現性が高いのは、「磨き抜かれたコンテンツの量産」と「シンプルなルーティン導線の設計」のどちらか、または両方を着実に実行することです。

　まず**「磨き抜かれたコンテンツの量産」とは、高頻度でターゲットユーザが好む商品・記事・特集・提案などを届ける**ことです。

　あらかじめ、あなたの企業やブランドに好意を持ちうるユーザに絞り込むことが重要です。ターゲットがあやふやで総花的なコンテンツでは、ユーザの心をつかめません。情報が送られてくるたびに嬉しくなって、YouTubeやTVを見るのもやめて、すぐに開いてしまうくらいのコンテンツが必要です。

　例えば、読売巨人軍の公式グッズを扱うECサイトには、当然ですが熱烈なジャイアンツファンが多く訪れます。ファンはメールマガジンが来れば必ず開いてECサイトに訪れますし、メールマガジンが来なくても暇があれば何か新着商品がないかチェックをするためECサイトに訪れます。また大好きな選手の記念品を買いそびれてしまった時は、すでに売り切れてしまった商品ページに毎日訪れ、再販されないかチェックします。このケースでは、読売巨人軍本体に熱烈なファンが根付いているのは確かですが、**ECサイトでもファンの期待に応えて新商品を出し続けていることで、ファンとの接触頻度を維持している**のです。どれだけ熱心なファンでも、新し

い商品や特集が一切公開されないECサイトには訪れません。

　ユーザのニーズを把握するためには、毎日集まるリアルタイムデータが役立ちます。情報発信のたびにターゲットユーザと接触できているか、満足してもらえているか、売上につながっているか、予実（予算と実績とその差）を管理し、乖離がある場合は原因を追及します。**徹底してユーザに求められるコンテンツに絞り込み、磨き上げることでユーザの生活時間に入り込むことができる**のです。

　磨き上げる過程で、**ユーザが求めていないコンテンツは削除**していかなければなりません。特にコンテンツが「定期課金」の対象になる場合、ニーズのないコンテンツは解約のきっかけになります。月額1000円の動画サービスを使っているユーザが、アニメは見るが時代劇は見ない場合、時代劇分を割高だと感じてしまいます。このユーザは、アニメだけでも月額1000円支払う可能性はありますが、アニメと時代劇がセットになった瞬間に月額1000円を割高だと感じ、離脱してしまう可能性があります。ユーザによって興味のあるコンテンツには差があるため、ユーザ別に表示の優先度を変えるという対応でも構いません。

　コンテンツを追加した場合は、漏れなくユーザに通知すべきです。ターゲットユーザは、あなたの企業やブランドに好意を持つ人です。どれだけ通知されてもネガティブには捉えません。むしろ頻度を下げれば、ロイヤリティが落ちてしまうリスクすらあります。メール、アプリのプッシュ通知、葉書、LINEなど様々な手段で、かつ高頻度で新しいコンテンツを告知すべきです。

シンプルなルーティン導線の設計

　次に**「シンプルなルーティン導線の設計」は、高頻度でターゲットユーザがこなす作業をデジタルで効率化すること**です。コンテンツ同様にターゲットを絞り込むのみならず、そのターゲットの生活に浸透している「作業」に絞ってデジタル化します。

　例えば、飲食店の予約アプリ「ペコッター」は、面倒な電話予約をすべ

て代行してくれます。飲食店、日時、人数、備考だけ入力すれば、あと
はペコッターの中の人であるコールセンター部隊が、飲食店に直接電話を
かけて、予約を確定してくれます。一部有料ではあるものの、面倒な「飲
食店への予約電話」という作業をデジタル化し、利用者の生活にうまく浸
透しています。

　ここでもやはり**総花的で多機能なシステムを作るのは避ける**ようにしま
す。多機能なシステムは、使っていない部分がそのまま使いこなせてない
という印象を抱かせ、システム利用料の割高感を演出してしまいます。さ
らに使いこなすのが難しい機能ほど、ユーザが導入時に期待していること
が多く、すぐにでも解約理由になりえます。

　さらに多機能にすればその分だけ、UIが複雑になってしまいます。デ
ジタルはセルフサービスチャネルですし、ユーザの視野はきわめて狭いた
め、複雑な機能すべてを理解しようと思ってくれる人はそれほど多くないで
しょう。「初回購入フェーズ」のユーザ同様、ニーズに合わせて、きわめ
てシンプルに設計した導線以外は意図通り動いてくれません。

　しかしユーザの行動は、実際に使ってもらうまでは未知数な部分が多
いのも事実です。**最初のリリース時は、あまり時間をかけずにミニマムな
導線だけ設計し、まずはユーザに使わせてみる**ことをオススメします。そ
のうえで、「行動観察調査」を高頻度で実施し、PDCAの中で理想的な
UIを追求したほうが結果的に近道になります。

　優れたUIを設計できれば、ほかに乗り換えることが面倒になるため、
離反リスクを低減できます。機能から考えるのではなく、ユーザが普段か
ら抱えている「作業」へのストレスを知ることから始め、その作業を効率化
しストレスを除去する体験を設計すべきです。

　ユーザがこれまで行なってこなかった「新しい作業」の提案もできます
が、こちらのほうが格段と難易度が高いと言えます。ユーザに何か新しい
ことをさせるのは、それだけでストレスを生みますし、定着までにさらなる
努力が必要でしょう。

利用開始直後に「正しい使い方」を伝える

「コンテンツ」と「ルーティン」でユーザの生活時間を占有するためには、利用開始直後のサポートが欠かせません。

　あらゆるサービスにおいて、利用開始直後の利用意向が最も高いことがわかっています。**能動的に色々使ってみようと思っているタイミングで、「正しい使い方」を刷り込み、その後の「継続購入」率を高める**のです。

　一般的なECサイトでは、初回購入後、2-3回めまで購入すればリピート率が格段に上がります。そのため、3回めの購入までは期限付きクーポンを発行するなど、赤字覚悟の施策でユーザを定着させます。

　単価の高いビジネスであれば、初回購入直後だけでも、手厚い人的サポート体制を敷くのも良いでしょう。継続購入フェーズのコストは、継続期間に比例するため、人的工数は極力抑えたいところですが、初回購入直後だけなら問題ありません。利用期間中、接触頻度が落ちるなど解約可能性が高まったユーザにも、一時的な人的サポートが有効です。

継続購入とは究極的には「愛」の世界

　ここまでデジタルを用いてLTVを伸ばす、「再現性」の高い手法を解説してきました。しかし、「継続購入」とは究極的には「愛」の世界であり、定石がありません。あなたの商品よりも条件の良い競合商品が発売されてもなお、あなたの商品を買い続けるとすれば、それは「愛」があり、非論理的に固執している（愛着がある）ためです。

　「愛」とは、企業としての「とがった」姿勢から生まれます。他社よりも高額でスペックも劣る商品だとしても、時代の先を行く商品を出し続けるならば、その姿勢に「イノベーター」層のファンがつきます。あるいは、想像を絶するおもてなしを顧客に提供し続けるならば、固定客がつきます。

　デジタルを用いた小手先の継続接触だけでは、何年も先まで顧客をつなぎ止めることはできません。まずは企業姿勢をとがらせることが必要であり、そのためにはまず現状のファンを理解することが不可欠なのです。

Chapter 7　まとめ

 「顧客主導」の世界では、「売り切り型」のビジネスは終焉を迎え、「継続購入型」のビジネスが主流になる。「継続購入型」は、顧客に価値を提供し続けることでLTVを最大化するビジネスモデルである

 デジタルを用いたコストカットにより、ほぼすべての業種で「継続購入型」のビジネスモデルを適用できる

 「継続購入型」のビジネスを安定させるために、「定期課金」契約の可否を検討する。難しい場合は、定期的に都度課金する「ルーティン」を作り出す

 再現性を持って「購入期間」を伸ばすためには、ユーザの生活時間を多く占有することが王道である。デジタルでは「磨き抜かれたコンテンツの量産」と「シンプルなルーティン導線の設計」のどちらか、または両方を着実に実行する

 「コンテンツ」と「ルーティン」でユーザの生活時間を占有するためには、利用開始直後のサポートが不可欠である

 「継続購入」とは、究極的には非論理的な固執（愛着）を生む「愛」の世界であり、定石が存在しない。「愛」とは、企業としての「とがった」姿勢から生まれる。デジタルを用いた小手先の継続接触だけでは、何年も先まで顧客をつなぎ止めることはできない

Part 3

定石を使って
実践する

Chapter 8

定石を
様々なビジネスモデルに
適用する

定石活用のため
「DXアクセラレータ」に入力する

　いよいよ実践編に入りますが、まずは読者のみなさんが、ご自身のビジネスにあわせて定石を活用できるように、思考をサポートする「DXアクセラレータ」というツールを紹介します。これは私がコンサルティングで、クライアントに解説するためによく用いるものを簡易化したものです。

　まず、「DXアクセラレータ」の横軸は、3つのステップに分かれています。Chapter5-7で解説した、「日常生活フェーズ」「初回購入フェーズ」「継続購入フェーズ」の3ステップに分けて入力してください。

　次に縦軸は「GOAL（目的＆目標）」「USER（ユーザ）」「ACTION（行動）」の3つです。この「順番」がとても重要です。
　最初に「GOAL」を考えなければ、デジタルの苦手な領域で、デジタルを活用することになりかねません。次に「USER」を考えなければ、「顧客主導」ではない自己満足の施策が横行します。行動する時は必ず、「GOAL → USER → ACTION」の順番でなくてはならないのです。

● 「GOAL（目的＆目標）」
　ここまで解説した思考プロセスの通り、まず考えるべきはマーケティング活動の中で、デジタルの活用目的を明らかにすることです。必ず最初に「GOAL（目的＆目標）」を定めます。「目的」は18セグメント別の例を参考にすれば、問題ないでしょう。次に目的の進捗を数字で計測するための「KPI（重要業績評価指標）」、さらにその「目標（値）」を入力してください。KPIは複数設定しても構いませんが、優先度は明確にしておきましょう。

図8-1 DXアクセラレータ

		日常生活	初回購入	継続購入
GOAL	目的			
	KPI			
	目標			
USER	状態			
	理想の顧客接点フロー			
ACTION	A1			
	A2			
	A3			

●「USER（ユーザ）」

次に考えるべきは、Chapter4で解説した「USER（ユーザ）」です。各フェーズにおけるユーザの状態を概説し、理想的な顧客接点のあり方を図示します。ここは完璧でなくてもいいので、まずは思いつく限りの顧客接点を洗い出します。ただし細かすぎるものまで書くと混乱を招くため、顧客の10％以上が接触するものに絞ると良いでしょう。

この図を精緻化する際には、アンケートとユーザ行動観察調査の実施を強く推奨します。生のユーザ行動観察から得たインプットを可視化すれば、どの接点がより重要なのかが明らかになります。さらに「顧客主導」で考える習慣も身につくでしょう。プロジェクト関係者との認識すり合わせにも有用です。

●「ACTION（行動）」

最後に「ACTION（行動）」を考えます。
「ACTION」は、優先度に応じて3つに分類します。最も優先度が高い「A1」は、KPIを大きく伸ばすのに、時間も費用もほとんどかからない施策です。次に優先度が高い「A2」は、KPIを大きく伸ばすが、時間か費用が一定以上かかる施策です。「A1」と「A2」は本書に記載のある施策を中心に検討してください。

最後の「A3」は、KPIが伸びないか、伸びても微々たる施策でありChapter3で解説した「捨てるべき仕事」です。今まで時間を費やしてきた仕事の中で、どこにも当てはまらない施策はすべてここに記載し、意識的に「捨て」なければなりません。

Part3では、読者のみなさんが自社のデジタル活用においてこの「DXアクセラレータ」を埋められるように、ビジネスモデル別に具体例を解説していきます。

しかし、多少ビジネスが異なる程度では、入力内容は似通ってきます。ここまで解説した定石が、どのビジネスにも共通して当てはまるということを理解してもらえるかと思います。

マーケティングにおける
デジタル活用の型は18種類ある

　ここまでの解説してきた定石を自社のビジネスに適用するイメージを明確にするために、Chapter9以降ではビジネスモデル別に具体例を紹介します。

　マーケティングにおけるデジタルの活用方法は、ビジネスモデルに応じて18種類に分けられます。私が所属する株式会社WACULが提供するAIアナリストは、この分類「18セグメント」に従って改善提案を導出します。Part3ではこの「18セグメント」の典型を具体的に解説します。

　「18セグメント」の最初の分岐点は、ユーザとのコミュニケーションが「デジタルで完結するかどうか?」です。**デジタルで完結するものを「Web完結型」、デジタルで完結せず営業担当につなぐものを「Web to 営業担当型」**としています。

　ECのような**「Web完結型」のビジネスは、人間による柔軟な説得ができないため、「商品」勝負**になります。そのため最も重要な論点は「商品を磨き上げるにはどうすれば良いか?」であり、そのためにデジタルを活用します。

　一方、**「Web to 営業担当型」のビジネスでは、「Webのゴールを何にするのか?」が最も重要な論点**です。どこまでがデジタルで対応でき、どこからが人間の対応が求められるのかを、訪れるユーザ別に設定していく作業が最も成果に直結します。

　まずWebから人間の営業担当に連携するビジネスで、特にBtoB商材を扱う方は、Chapter9をお読みください。

　同じくWebから人間の営業担当に連携するビジネスで、特にBtoC商材

を扱う方は、Chapter10をお読みください。例えば、不動産購入、旅行相談、結婚式、投資相談、保険、住宅ローン、脱毛サロン、大学、自動車、塾などは、このセグメントに該当します。BtoB商材との共通点も多いため、あわせてお読みいただくことをオススメします。

Webから店舗来店を促すビジネスはChapter10の後半をお読みください。飲食店、病院、美容院など店舗での接客も「営業担当」と見なし、このChapterで解説します。

ECサイトを運営している方は、Chapter11をお読みください。

Chapter12はそのほかのモデルで典型的なものを紹介しました。「ブランドサイト」「記事メディア」など該当する方はこちらを参考にしてください。

「18セグメント」はPart2で解説した定石を、各ビジネスモデルの性質に合わせて具体化したものに過ぎません。18個のセグメントの定石はまったく違うというわけではなく、むしろ共通点のほうが多いくらいです。

世の中のマーケターは、口をそろえて「自分のビジネスは特殊です」と言いますが、そんなことは決してありません。**どのようなビジネスでも、抽象化すれば「日常生活」「初回購入」「継続購入」の3つのフェーズでデジタルを活用できますし、「18セグメント」で該当する型の施策は有効**です。

例えば、BtoCで営業につなぐビジネスであれば「住宅ローン」と「結婚式場」はまったく同じ型に該当します。一見まったく違うビジネスですが、デジタルで実践すべき施策はかなりの部分が共通しています。逆に同じ人材業界でも「人材紹介」と「求人媒体」は、「18セグメント」では別の型として扱います。人材紹介はデジタルで完結せず、CV（コンバージョン）ポイントを自由に設定できるため、施策の幅が広がるためです。

共通の定石から生まれているという性質上、18セグメントすべてを解説するとやや冗長になるため、Part3では典型的なものだけをピックアップしました。時間のない方はご自身のビジネスに近いChapterだけ読めば結構です。

図8-2 「18セグメント」の全体像

マーケティングに活用するデジタルの型は18種類

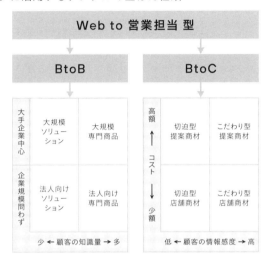

Chapter 9へ　Chapter 10へ

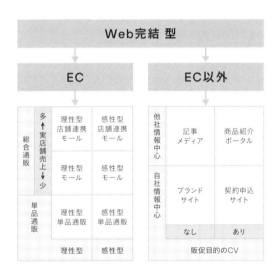

Chapter11へ　Chapter12へ

Chapter 9

【Web to 営業担当型】

BtoBで営業につなぐ
ビジネスの型

一般ビジネスパーソン向けの
BtoB商材（ソリューションサービスなど）

　BtoBと一言で表しても、様々なビジネスが存在します。このChapterでは、導入までに営業担当者を介する商材について解説します。BtoBのECサイトはChapter11で後述する「ECの型」を参考にしてください。

　この項目では、専門知識を持たない「一般ビジネスパーソン向けのBtoB商材」を取り扱います。例えば、**デジタルマーケティング系ツールの大半はこのセグメントに該当**します。SEO、メール配信、Web制作、ネット広告などのサービスを導入する企業は、提供者側の企業よりも知識が乏しいケースがほとんどです。

　クライアント企業側の担当者が専門的な技術者でもない限り、大半のBtoB商材はこのセグメントに該当します。情報システム部門を相手にしているBtoB商材だとしても、基本的にはこのセグメントを参考にしてください。情報システム部門に在籍していても、多岐にわたるシステムを網羅的に理解している人はまずいません。

　商材を選ぶクライアント企業は、専門知識を持ち合わせていないため、自分だけで情報収集していても埒が明きません。そのために営業担当者がニーズを汲み取り、柔軟にソリューション提案することになります。**営業担当者への依存度が高まりやすいため、これをいかにデジタルに置換できるかが最大の論点**です。

　しかし、すべてをデジタルで置き換えてはなりません。デジタルには、3秒以内の営業トークしか伝わらないなど、これまで説明してきた様々な限界があります。営業担当者と連携しつつ、デジタルでコストカットできる仕事を洗い出していきます。

　ここから「日常生活フェーズ」「初回購入フェーズ」「継続購入フェーズ」の3つに分けて解説していきます。

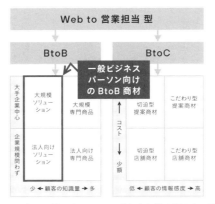

図9-1　一般ビジネスパーソン向けのBtoB商材

※ターゲットの企業規模により多少の差が生じます。まず企業規模を問わない「法人向けソリューション」について解説し、そのあと、大手企業中心の「大規模ソリューション」について言及します

日常生活フェーズ
——「情報資産」を公開して見込み顧客獲得

　日常生活フェーズの**GOALは、見込み顧客リストを獲得すること**です。

　このフェーズのビジネスパーソン（USER）は、受動的に情報収集をしています。社内での共有、パートナー企業からの提案、専門媒体や日経新聞のニュース、FacebookやTwitterのタイムラインなどから、自分の仕事に関係ある情報だけチェックしています。

　大手企業の担当者は、パートナー企業からの提案だけで情報過多になりやすいため、外部からの情報は届きづらい傾向があります。

　中小企業の担当者は、自ら勉強しなければ情報がほとんど入ってこないため、個人単位で知識の格差が大きく開いています。

　このフェーズで**サービス提供側の取るべきACTIONは、自社が持ちうるノウハウや便利ツールなどの「情報資産」を惜しみなくオープン化すること**です。クライアント企業側は専門知識を持ち合わせておらず、情報の非対称性があります。魅力的な「情報資産」を公開すれば、**見返りとして**

会社名・メールアドレス・電話番号などのリード（見込み客）情報を提供してくれます。

　この段階で、特に狙っているターゲット企業のリード情報が得られれば、たとえ先方が日常生活フェーズであっても、すぐに営業担当者が「ご挨拶」に伺っても良いでしょう。敏腕な営業担当者なら、ニーズがまったくないところからでも、課題をヒアリングしてソリューションを提案できるからです。敏腕な営業担当者のリソースを、本当に重要なことにだけ割り当てることも、リード獲得の重要なミッションです。

　リードの獲得の手法は様々です。広告を出してホワイトペーパー（ノウハウなどを記した冊子）のダウンロードを狙う、SNSでノウハウを公開してフォロワーを獲得する、ブログで情報発信して会員を獲得するなどが代表例です。例えばホワイトペーパーを1つ作れば、その「情報資産」は、SNS、ブログ、メールマガジン、セミナー、営業活動などあらゆる場所に流用できます。後述しますが、この「情報資産」は、ほかのフェーズでも役立ちます。「情報資産」を魅力的に磨き上げる仕事は、BtoBのデジタルマーケティングにおいて、最も重要な仕事の1つなのです。

　例えば、私の所属する株式会社WACULでは、「WACUL TECHNOLOGY & MARKETING LAB」というブログを運営し、定期的にデジタル活用の研究レポートを発信しています。みんなが疑問に思ったり悩んだりしていることを、データに基づいて明らかにするレポートを掲載しています。
　研究レポートの例としては、「Webサイトはリニューアルによって改善するのか？」「縦長LPはコンバージョンに寄与するのか？」「新型コロナショックに打ち克つデジタルマーケティングの打ち手とは」など、日常生活フェーズのユーザでも思わず興味を持つようなテーマを設定します。主にSNS経由で、1記事あたり平均1万人以上のユーザに閲覧してもらえており、広告換算すれば100万円/記事の価値があると言えます（1クリック100円換算の場合）。

もちろん単純に多くのユーザに接触できるだけでなく、とがった内容を発信すればするほど、自社のブランドも確立するでしょう。弊社の研究所では、「デジタルマーケティング日本一」というブランドを確立するために、無償かつ鋭い切り口でのノウハウ提供に全力を注いでいます。

　さらにこの研究レポートは、二次的にも価値を生み出します。ホワイトペーパーにすれば、広告やメールマガジン経由でリストを獲得できますし、営業担当が商談に活用できます。ほかにもセミナーや、商品開発にも活用できるのです。

　このように**一見遠回りに見える「情報資産」作りは、最も費用対効果の高い施策の1つ**なのです。

　「情報資産」を通じて獲得したリードに対して、BtoBではメールマガジンによる継続接触が有効です。**メールタイトルにサービス名を入れて「連呼」すれば「純粋想起」を獲得できます**。複数サービスがある場合は、メールもサービス別に配信し、それぞれのサービス名を認知させます。配信頻度は、週1回程度が適切です。配信解除率が上がらない限りは、配信頻度を高めても問題ありません。

　配信リストは、最低限「COLDリスト」「HOTリスト」「架電リスト」の3つに分類します。「COLDリスト」はメールを送っても何もクリックしてくれない人のリスト、「HOTリスト」はメールを送って直近クリックしてくれた人のリスト、「架電リスト」は直近サービスの導入事例や機能を見てくれた人のリストです。

　「架電リスト」は、すぐに営業担当者に渡してアポを獲得してもらいます。「HOTリスト」や「COLDリスト」の中でも、特に狙っているターゲット企業には、手書きの葉書や、関連書籍のプレゼントなど、コストをかけた「連呼」にエスカレーションするのも有効でしょう。

　数ヵ月クリックのない「HOTリスト」は「COLDリスト」に戻します。営業担当が失注した「架電リスト」も「COLDリスト」に戻して、次の機会をうかがいます。

このフェーズのKPIは、ターゲット企業のリスト獲得数です。まずは大雑把にでもターゲット企業の条件と、獲得したいリスト一覧を作ると良いでしょう。可能なら、ターゲット企業を優先度別（会社規模など）にABCなどにランク分けし、ランク別に顧客リストの獲得目標を定義します。

　加えて、受注につながった場合は、逆引きでこのフェーズの施策を評価します。先述の通り、継続購入フェーズのLTVが上がれば、このフェーズで投下できるコストも増えます。フェーズごとの管理も重要ですが、全体俯瞰してつねに論点をシャープに設定したいところです。

初回購入フェーズ
──「ゴール直行」できるようにする

　初回購入フェーズのGOALは、導入を検討してくれる顧客のアポイントを獲得することです。このフェーズのビジネスパーソン（USER）は、情報収集して論理武装しようと躍起になっています。複数部署からヒアリングして要件を整理し、複数サービスの相見積もりを取って比較表を作り、社内調整して稟議を回し、予算を獲得する必要があるからです。

　しかし、自身はツールの専門家でもないため、Web上の情報収集だけではすぐに限界が見えます。まずは誰か営業担当を呼び、要件のパターン、ツールの選び方、比較されやすいツールなど、直接聞きたくなってきます。

　まずは自分の想起するキーワードで検索し、上位1-3位くらいに出てくるサイトの中で、ぱっと見て良さそうなサービスを選び、すぐに問い合わせます。同時にくわしそうな知人に聞いたサービス名を検索して、すぐに問い合わせる人もいます。

　問い合わせるかどうかの判断軸は、まず自社の要件に合うかどうかです。企業規模、業種、課題感、価格感などがざっくり合っていれば合格です。そのうえで、次にメジャーなツールかどうかを見ます。シェアNo1、有名企業の導入実績あり、過度に古臭さや素人っぽさを感じないサイトデザイン（画面横幅が過度に狭くなく、素人感のある画像を使っていないなど）、知人の紹介があることなどがあと押しになります。

いずれにしてもこのフェーズで、Webサイト内の詳細な情報は、できれば読みたくないものですし、読んでもわかりませんし、無理やり誘導しても混乱を招くばかりです。「要件に合いそう」「メジャー感がある」というだけなら、1ページで十分表現できます。このタイプのサイトは、トップページ1枚だけでも十分サイトが成立するのです。

　このフェーズで**サービス提供側の企業が取るべきACTIONは、先述の通り「ゴール直行」**です。トップページの一番上にフォームを露出してしまえば、ほかにすることは何もありません。**サイト内に複数ページがある場合は、ページ別にユーザの期待が異なるため、フォームの名称もそれぞれ変える**必要があります。料金ページなら「料金表ダウンロード」、事例ページなら「事例集ダウンロード」という具合です。
　このタイミングで、営業担当者と話し合いの場を持ち、どの程度薄いリードまでなら商談につながるかをすり合わせます。Webサイトはゴールの障壁を下げるほど、リードの数が増えます。営業力があるなら、ゴールの障壁を下げて、リードの「質」より「量」を優先すべきです。折衷案として、フォームの入力項目で「導入確度」を把握できる情報を取得し、あとから「質」を選別・担保する方法もオススメです。

　集客のACTIONはニーズが顕在化したユーザの多い「検索エンジン」周辺から手を打ちます。狙うキーワードを洗い出し、より多く掲載できるように、自然検索、有料検索、記事広告、アフィリエイトなどを駆使します。
　日常生活フェーズを含め、「情報資産」をオープン化する活動を進めるなら、このフェーズでも**自然検索経由の集客を狙った「ブログ」を作るべき**です。「ブログ」は一度作れば、半永久的に集客可能な装置になります。BtoB商材は、ニッチな検索キーワードが多いため上位表示を狙いやすく、1件あたりの契約単価も高いため、「ブログ」との相性が非常に良いです。本気でBtoBのデジタルマーケティングに取り組むなら、必ず「ブログ」を立ち上げてください。
　「ブログ」から安定集客するまでには、約100本の記事が必要です。**月**

間5-10本の記事を継続してリリースすれば、1年後には成果が見えてくるでしょう。

　ここでも手前味噌ではありますが、株式会社WACULの「AIアナリストブログ」を例として紹介します（先述した「WACUL TECHNOLOGY & MARKETING LAB」とは別のブログです）。
「AIアナリストブログ」は初回購入フェーズに特化しており、検索ニーズを満たす記事を量産しています。上位表示を狙っている検索キーワードは「アクセス解析」「アクセス解析ツール」「Googleアナリティクスとは」など、「AIアナリスト」という弊社サービスの導入に直結するものが中心です。
　ブログ全体の訪問数は年間で220万あり、広告換算すれば2億2000万円分の価値があると言えます（1クリック100円換算の場合）。広告なら弊社のようなベンチャー企業が支払える金額ではありませんが、自社の「情報資産」をオープン化するブログであれば、このような大規模な集客もできるようになるのです。2020年5月時点で400記事がリリースされていますが、最初の3年間は平均100記事／年ずつ公開していきました。初回購入フェーズのユーザが検索するキーワードの種類は有限なので、多くのBtoB企業は300記事程度リリースすれば、あとは経過観察とリライトだけの運用に切り替えが可能です。

　「ブログ」が軌道に乗るまで、短期的な集客は広告で賄います。 広告では「ブログ」でも狙いたいキーワードを有料検索で集客します。さらに上位に表示されている他社ページに問い合わせて、アフィリエイト広告の掲載が可能か打診します。
　ほかにも、自社商材と近い専門媒体に問い合わせて、狙っているキーワードで上位に表示されるような記事広告を作り、掲載してもらいます。記事の書き方は、自社のブログと同様です。専門媒体なら、すでにGoogleに高く評価されているでしょうから、記事広告を1ページ書くだけでも、短期で上位表示を狙えます。

継続購入フェーズ
——既存顧客が喜ぶ情報を発信する

　BtoB商材でも、できる限り「継続購入型」のサービス形態を検討すべきです。BtoBでも売り切り型のビジネスモデルは、次第にユーザから選ばれなくなります。

　顧客のニーズが顕在化したタイミングで、毎回「売り切り型」の営業をしているうちに、少しずつ「継続購入型」の競合企業に顧客を奪われていくという苦い体験をした企業もあるでしょう。BtoBも「顧客主導」のサービス提供が欠かせないのです。

　加えて、BtoBの場合、初回購入後にアップセルできる可能性も高いため、アフターサポートに力を入れる見返りは大きいでしょう。例えばWeb制作会社が「Webサイトリニューアル」の制作業務を請け負いたいとして、日頃から「Webサイトの保守・運用」で接触し、満足度を維持できていれば、コンペにならずに受注できるかもしれません。

　このフェーズのGOALは、ユーザの生活時間を少しでも奪うことです。このフェーズのビジネスパーソン（USER）は、日常生活フェーズ同様あまり能動的には情報収集してくれません。そのためここでも「情報資産」が役立ちます。**既存顧客が喜ぶ情報を選別し、定期的にメールなどで送信し**ます。また営業担当やカスタマーサクセスにこの「情報資産」を持たせて、接触の質を高めることも有効です。

　また「情報資産」のうち、**アップセルにつながるものも発信すべき**です。既存顧客の対応をサポート窓口に任せている企業は、アップセルの意識が弱くなりがちです。別商材に興味を示したユーザを検知し、営業担当に引き継ぐだけでも売上につながる可能性があります。

　さらに、**デジタル化したサービスなら、既存顧客が現在どのように使っているのか**「顧客アンケート」と「行動観察調査」で明らかにすべきです。使われていない機能が多いほど、割高感が出てしまい、解約リスクが高まります。

本当に必要な機能以外は、消すまではせずとも、画面上の優先度を下げます。「β版」と表記したり、「詳細機能」というリンクの下に隠したりして、主要導線からは排除します。UI設計は「引き算」による優先度の明確化が不可欠です。もしかすると少数のヘビーユーザがこの機能を利用しているかもしれませんが、ヘビーユーザは多少奥まった機能でも問題なく使いこなします。**大多数の「普通」のユーザに合わせたUI設計を心がけるべき**です。

　主要機能のUIは、慣れた時に一番使いやすくなるように洗練します。例えば、初めて使う人向けの注釈をつけすぎると、画面全体がわかりづらくなってしまいます。ここでも既存顧客の利用行動を観察することで、必要な要件をシャープにすることができます。UIが洗練されれば、利用頻度が上がり、ユーザの生活の中に深く入り込めるのです。

大企業がターゲットなら営業担当の影響が強まる

　ターゲットが大企業の場合、すでに取引のあるパートナー企業（人間）の影響が大きいため、それに対抗して新規獲得を狙うなら営業担当（人間）の担う役割が大きくなります。相対的にデジタルを活用できる余地は少なくなります。

　実施する施策は、ここまで述べた内容に相違ありませんが、デジタルで大企業だけをピンポイントに狙うことは難しく、ある程度幅広い企業規模の会社にリーチし、その中から大企業を選別するという方針が一般的です。狙っている企業が100社以下なら、1社ずつ個別に攻略方法を考えたほうが効率的なケースもあります。

　ただ昨今は、大企業でもパートナー企業に相談しつつ、並行して自ら情報収集するケースが増えています。大企業の中間管理職が若手のデジタルネイティブ世代に「調べておいて」と投げるケースも含めれば、デジタルに一切触れずに意思決定するケースは稀でしょう。人間の営業担当の役割が大きいのは確かですが、デジタルの重要性も高まっていると認識すべきです。

図9-2　一般ビジネスパーソン向けのBtoB商材
「AIアナリスト」DXアクセラレータ入力例

		日常生活	初回購入	継続購入
GOAL	目的	デジタルマーケティングなら「AIアナリスト」という認知を得る	導入を検討してくれる顧客のアポイントを獲得する	顧客の生活時間の中で「AIアナリスト」が占める割合を増やす
	KPI	潜在顧客リスト数	商談化したアポ数	生活時間に入れている顧客数
	目標	国内法人10万社（XX年末までに）	200件/月間	既存顧客の80%
USER	状態	マーケティングやデジタルに関する興味ある情報だけ収集する	課題が顕在化し、解決方法またはサービスを探している	様々な業務に忙殺され「AIアナリスト」に使える時間は多くない
	理想の顧客接点フロー	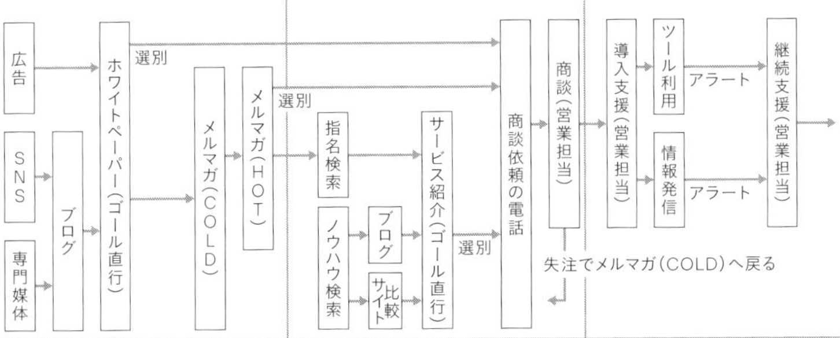		
ACTION	A1	✓ホワイトペーパー&ダウンロードページの作成 ✓ディスプレイ広告を潜在顧客リスト獲得で最適化 ✓既存リスト向けメールマガジンでHOT度を管理	✓優先度の高い見込み顧客を選別して商談を設定（同時にCVポイントを設計） ✓サービス紹介ページでゴール直行導線を改善 ✓比較サイトと有料検索に広告を出稿	✓生活時間に入れていないユーザを発見して人的にフォロー&課題発見 ✓ユーザ行動観察調査によるツールの課題発見
	A2	✓日常生活フェーズ向けのブログを運用 ✓知見を持つ社員のSNSアカウント育成 ✓専門媒体と関係性を強化	✓初回購入フェーズ向けのブログを運用（※日常生活フェーズのブログと同ドメインに置く）	✓既存顧客向け情報発信の運用 ✓ツールの改善
	A3	×ストックにならない認知広告の出稿 ×企業が言いたいことだけを綴った自己満足ブログの運用 ×ロゴ、デザイン、ブランドメッセージの刷新	×Webサイトの「デザイン」リニューアル ×入口ページ以外の改善や、細かいABテストの実施 ×アトリビューション分析	×企業視点で始まる思いつきの機能改善 ×ユーザ仮説不在のツール利用者のデータ分析

専門的な技術者向けの
BtoB商材（部品・素材、医薬品、建材など）

この項目では、「専門的な技術者向けのBtoB商材」を取り扱います。**ハードウェアエンジニアにとっての「部品・素材」、医者にとっての「医薬品」、建築士にとっての「建材」などがこのセグメントに該当**します。

顧客側が専門知識を持っており、自ら商材を選定できるため、前項の「一般ビジネスパーソン」向けとは、対応方針がやや異なります。

こうしたビジネスでは、商材別に有力メーカーが2-3社あり、顧客側もその会社を認知していることがほとんどです。日頃から有力メーカーの新商品情報はチェックしており、手元には最新のカタログがあります。必要な商材の仕様が決まれば、カタログやWebサイトで確認して、いつもの方法で発注します。

多くの技術者はこだわりが強く、お気に入りの商品があります。普段通りの仕事であれば、新しく何かを調べることはなく、お気に入りの商品を使い続けます。競合商品をリプレイスしたり、新商品の優位性を示したりするためには、営業担当が足を使って説得しなければなりません。技術者のほうがくわしいケースもあり、簡単には説得できません。

医者に「医薬品」を紹介するMRは、少し前の時代まで、毎日宴席を開き、医者と仲良くなることに全精力を傾けていました。唯一無二の商品を開発できれば勝手に売れるかもしれませんが、そんな商品ばかりを次々と発明できません。医者との親密性を上げることも重要な仕事だったのです。今では宴席以外の様々な手段で、医者との継続接触を試みていますが、こうした役割を少しでもデジタルが置換していくべきなのです。実際、エムスリー株式会社の「MR君」という医者に接触できるシステムの登場により、人間のMRの人数は年々減少しています。

図9-3 専門的な技術者向けのBtoB商材

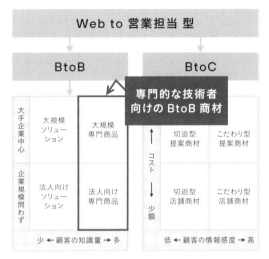

※一般ビジネスパーソン向け同様に、ターゲットの企業規模
により多少の差が生じます

日常生活フェーズ
——「情報資産」を公開してリード獲得

　日常生活フェーズでなすべきことは、「一般ビジネスパーソン」向けの
BtoB商材と同じです。

　**顧客にとって役に立つノウハウやデータである「情報資産」を、惜しみ
なくWebサイトやホワイトペーパーなどを通じてオープン化し、見込み
顧客リストを獲得します。**リストに対して、自社サービスを連呼し、ニーズ
が顕在化したタイミングで営業担当に引き継ぎます。詳細は前項の「一般
ビジネスパーソン」向けBtoB商材を参照してください。

　特に**市場での地位が低い商材ほど、この日常生活フェーズに力を入れ
るべき**です。顧客がトップシェアメーカーを認知している以上、ニーズが
発生する前までに認知を上げておかなければ、候補にすら入れてもらえな
いのです。

シェアの大きいメーカーでも、最新カタログや、新商品情報を漏れなく届けることにデジタルを活用できます。

カタログは印刷して郵送すること自体に莫大なコストがかかります。**デジタルであれば、無料で届けられるうえ、ユーザにとっても検索性の高い便利なカタログを作ることができます**。オンライン化しておけば、ユーザがカタログを開いたことも検知でき、一石二鳥です。

新商品情報はメールで通知し、リンクをクリックした優先度の高い顧客に絞って、営業担当が説明に行けば良いでしょう。メールへの反応は悪いが、優先的に対応したい顧客には、手書きの葉書を送ったり、営業担当から電話をかけたり、手段をエスカレーションしていきます。

初回購入フェーズ
——商材別にフォームへの誘導を強化する

初回購入フェーズの**GOALは、導入を検討してくれる顧客のアポイントを獲得すること**です。このフェーズの技術者（USER）は、要件・仕様を明確にしたうえで情報収集します。例えば、ハードウェアなら必要な部品のサイズをミリ単位で指定できるはずです。普段からよく検討する部品を選ぶ時は、手元のカタログを開いたり、同業の技術者に聞いたり、身近な情報だけで完結することもあるでしょう。しかし、それだけでは欲しい部品が見つからなかったり、あるいは自分の知識に自信がなかったりした場合、Webブラウザを開いて検索を始めます。

まずはお気に入りのメーカーや、シェアの大きいメーカーのサイトに訪れます。社名を検索し、トップページから希望する商材ページを探していきます。

技術者向けのWebサイトは取り扱い製品の数が多いため、「一般ビジネスパーソン向け」のBtoB商材とは異なり、さすがにトップページのみで成立することはありません。**製品の種類が少なくても、サイズなどのバリエーションが多様なため、「振り分け」機能が求められます**。技術者は自

ら探しているものを言語化できることが多いため「サイト内検索」機能は必須です。手元のカタログを見て、特定の「品番」を検索するケースもあります。

それに加えて、**カテゴリをたどって選べるリンクも用意**します。注意すべきポイントは、カテゴリを細かく切りすぎないことです。同じ用途で使われうる商品を複数ページに分けてしまうと、仕様が比較しづらくなります。最悪の場合、本当は見て欲しかった商品に気づかれないまま、サイトを離脱してしまいます。また複数の用途が考えられる商品は、複数のカテゴリに重複して掲載することも必要です。

ユーザからすれば、要件・仕様が決まっているため、同一カテゴリの商品の仕様だけが表組みで羅列してあるページが最も見やすいでしょう。トップページから最短でこの比較表ページにたどり着けるように、不用意にページ数を増やさない設計を心がけます。ここでもやはり情報構造の美しさより、ユーザの行動に即したUI設計が求められるのです。

技術者向けのBtoB商材でも、このフェーズでは「ゴール直行」が欠かせません。**商材別にフォームへの誘導を強化する**のは当然です。

加えて、カテゴリの上位ページからも「ゴール直行」を狙います。複数商品の比較表ページを見て、希望する仕様とぴったり適合する商品が見つからなかった場合、ユーザは競合Webサイトに逃げてしまいます。そうなる前に「ここにない仕様でも、似たような商品ならカスタマイズできますのでご相談ください」というフォームへ誘導するのです。

このタイプの商材は、「料金の相談」「サンプル品の確認」「CADダウンロード」など様々な手段でリード情報を獲得できます。該当する情報を掲載している箇所からリンクを張り、チャンスを最大化します。

ここまでの工程で、求める仕様の商品が見つからない場合、ようやく一般ワードで検索し始めます。Googleなどに直接「部品名」「素材名」「建材名」などを入力し、自分の知らないメーカーも含めて候補を探します。

この時に、検索結果の上位に自社商品が表示されるよう、Webペー

ジに基本的な情報を盛り込むようにします。「タイトル」「ページ上部の説明文」「パンくずリンク（「トップ＞商品一覧＞商品詳細」のような現在地とディレクトリ構造を示すナビゲーションリンク）」などに検索してもらいたいキーワードを記載します。さらに該当するキーワードに属する商品の種類を増やし、Webページの数も増やせれば、上位表示される確率は高まります。

　検索結果の上位にはトップシェアメーカーが並びますが、これらのサイトは事前にチェック済みのため無視されます。**新興メーカーであれば、上位でなくても良いので、検索結果の1ページめに表示されるように努力すべきです。**

　また検索キーワードによっては、「商品ページ」よりも、商品の選び方や特性を解説する「記事ページ」のほうが上位に表示されやすいケースもあります。こうしたキーワードが多いようなら、「一般ビジネスパーソン」向けBtoB商材と同様に、「ブログ」を立ち上げることを推奨します。

　一般ワードで検索しても、希望する商品が見つからなければ、お気に入りのメーカーや、付き合いのあるメーカーに直接問い合わせます。二番手メーカーや、新興メーカーからすれば、せっかくWebサイトに訪問してもらったとしても、ここでまたお気に入りメーカーに顧客を奪い返されてしまうのです。

　こうした**顧客の奪い返しを防ぐために有効なのが、Webサイト上での「シグナル検知」**です。過去に日常生活フェーズで獲得したリストであれば、その後そのユーザがWebサイトに訪問したかどうかや、どのページを見たかまで、追うことが可能です。購買する可能性が高いページを閲覧したユーザなら、迷わず営業担当に引き継ぎ、商談の連絡をすべきでしょう。ここでも営業担当者と連携し、Web上でどのように行動したユーザなら商談につなげられるか、PDCAを前提にすり合わせることが必要です。

継続購入フェーズ
──つねに最新の製品情報を届ける

　継続購入フェーズでなすべきことも、「一般ビジネスパーソン」向けの BtoB商材と同じです。

　一度購入した顧客には、つねに最新の製品情報を届けることが何よりも価値ある「情報資産」です。デジタルの製品情報は、カタログよりも速報性が高いため、ユーザ側にも訪問動機があります。提供者側にはシグナル検知やアップセルを狙えるというメリットもあります。**定期的に「デジタルカタログ」にアクセスしてもらえるような「ルーティン」づくりを目指す**べきです。

　製品数が多い場合には、どの商品を優先して開発・販売していくか意思決定するために、Webサイトのデータを活用できます。どの企業でも商品別の売上までは見ていますが、それだけでは不十分です。需要があるのに品揃えや在庫が足りない商品を発見するためには、Webサイトのデータまで見てPDCAを回すべきなのです。詳細は「ECの型」を解説するChapter11で説明しますが、商品別の「閲覧数」や「ゴール到達数」を把握するようにします。

図9-4　専門的な技術者向けのBtoB商材
「制御部品」DXアクセラレータ入力例

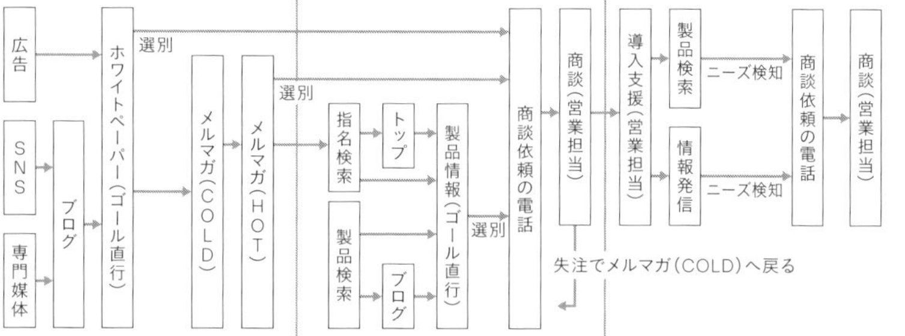

		日常生活	初回購入	継続購入
GOAL	目的	XXXXの制御部品なら「XXXX」という認知を得る	導入を検討してくれる顧客のアポイントを獲得する	既存顧客のニーズが発生したタイミングを逃さず営業に引き継ぐ
	KPI	潜在顧客リスト数	商談化した新規アポ数	商談化した既存アポ数
	目標	国内法人XXX社（XX年末までに）	XXX件/月間	XXX件/月間
USER	状態	自分の専門技術に関する興味ある情報だけ収集する	要件に合うXXXX制御部品が欲しく、取り扱っている業者を探す	いずれXXX制御部品が必要になりそうで、取引のある会社を見ている
	理想の顧客接点フロー			
ACTION	A1	✓ホワイトペーパー&ダウンロードページの作成 ✓ディスプレイ広告を潜在顧客リスト獲得で最適化 ✓既存リスト向けメールマガジンでHOT度を管理	✓優先度の高い見込み顧客を選別して商談を設定（同時にCVポイントを設計） ✓トップから製品情報に振り分ける動線整備 ✓製品詳細ページでゴール直行導線を改善	✓製品検索行動からニーズを検知して営業担当に連携
	A2	✓日常生活フェーズ向けのブログを運用 ✓知見を持つ社員のSNSアカウント育成 ✓専門媒体と関係性を強化	✓初回購入フェーズ向けのブログを運用（※日常生活フェーズのブログと同ドメインに置く）	✓既存顧客向け情報発信とニーズ検知の運用
	A3	✕ストックにならない認知広告の出稿 ✕企業が言いたいことだけを綴った自己満足ブログの運用 ✕ロゴ、デザイン、ブランドメッセージの刷新	✕Webサイトの「デザイン」リニューアル ✕主要導線以外の改善や、細かいABテストの実施 ✕サイト構造を大幅に見直すSEO施策	✕ユーザ仮説不在のデータ分析

Chapter 10

【Web to 営業担当型】

BtoCで営業につなぐ
ビジネスの型

単価の高いBtoC商材
（サービス業）

　BtoCには様々なビジネスが存在しますが、このChapterでは、購買プロセスで営業担当者を介する商材について解説します。

　ECサイトはChapter11を、スーパーなど小売店に並ぶ商品のブランドサイトは「ブランドサイト」（260ページ）を参考にしてください。

　この項目では、「単価の高いBtoC商材」を取り扱います。単価が高ければ、その分だけ営業担当者が手厚く関与するコストを支払えます。

　例えば、**不動産購入、旅行相談、結婚式、投資相談、保険、住宅ローン、脱毛サロン、大学、自動車、塾などは、このセグメントに該当**するケースが多いです。単価や利益率によっては、後述する「単価の低いBtoC商材」のほうが適切なケースもあるため、両方読んだうえで選択してください。

　就職活動や転職活動もこのセグメントに該当します。ユーザ側は求職にあたり金銭を負担しませんが、企業側は多額のコストを支払うため、採用担当者（営業担当者）が手厚く関与します。**人材紹介や、企業の採用活動も、この項目を参考**にしてください。

　単価が高い商材は、人生で購入する経験回数が少なく、検討期間も長くなりがちです。さらに重い意思決定を慎重に進めるため、初回購入の前から営業担当者が対面で説得するビジネスモデルになります。

　これは先述した「一般ビジネスパーソン」向けのBtoB商材と同様であり、デジタルの活用方針も共通点が多数あります。

図10-1　単価の高いBtoC商材

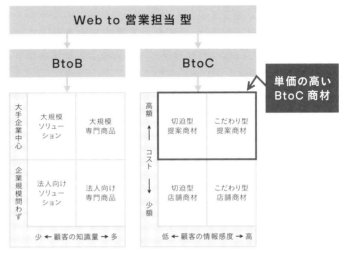

※顧客の情報感度の高低で多少の差が生じるため、文中で
　それぞれ解説します

日常生活フェーズ
──嗜好性の高低で異なるリード獲得

　日常生活フェーズでなすべきことは、基本的に「一般ビジネスパーソン」
向けのBtoB商材と同じです。

　顧客に喜ばれるノウハウやプレゼントを配り、見込み顧客リストを獲得し
ます。リストに対して、自社サービスを「連呼」し、ニーズが顕在化したタ
イミングで営業担当に引き継ぎます。詳細はChapter9を参照してください。

　BtoB商材と異なる点として、BtoC商材はUSERの「嗜好性」にムラが
あります。**一部のBtoC商材は「嗜好性」が高く、日常生活フェーズでも
情報収集してもらえます。**

　例えば、不動産購入は「嗜好性」が高く、実際に購入するよりかなり前
から、内装・外装の綺麗な写真をInstagramでフォローしたり、インテリア

デザインの本を見て憧れたり、ユーザが能動的に情報を収集します。ほかにも、結婚式、旅行相談、スポーツカーなどの嗜好性は高いでしょう。**「嗜好性」が高い商材は、「連呼」で認知を取るだけでなく、魅力的なコンテンツを届けて購入前からファンを作ることができます。** 逆に言えば、BtoB商材よりも中身がじっくり見られるため、クオリティに気が抜けません。一方でSNSでは拡散しやすいなど、集客の幅は広がります。

　逆にBtoCの中には「嗜好性」が極端に低い、住宅ローン、保険、脱毛サロンなどの商材もあります。従来からこうした嗜好性の低いビジネスは、「認知の有無」が購入を左右するため、TVCMでの「連呼」や、販売代理店の「紹介」が欠かせませんでした。

　デジタルでも、「嗜好性」の低い商材の情報をいくら発信しても、興味を持ってもらえません。**顧客リストを集めるためには、商材以外に魅力的なコンテンツを用意するほかありません。** 簡単なのは、キャンペーンで夢のある賞品をプレゼントすることです。

初回購入フェーズ
──検索から集客してゴール直行

　初回購入フェーズも、基本的には「一般ビジネスパーソン」向けのBtoB商材と同じです。検索を中心に「選び方の勉強」「候補洗い出し」「候補絞り込み」という順に情報を集めます。日常生活フェーズで認知している企業は、最終候補に入る可能性が高いでしょう。

　この**フェーズでサービス提供側の企業がなすべきことは、ほかと同じようにやはり「ゴール直行」**です。

　「嗜好性」が低い商材は、ユーザにこだわりがないうえ、調べても理解できないことが多いため、容易に「ゴール」へ直行させることができます。**「難しいことは考えずに、まずは相談しに来てください」という説得で十分**でしょう。逆に、細かい情報を見せれば見せるほど混乱します。

一方、「嗜好性」が高い商材のほうが、説得は困難です。なまじユーザ側にこだわりがあるだけに、Webサイトを回遊し、自分で意思決定しようとします。注文住宅、結婚式、旅行など、相談窓口まで来てくれたほうが、検討はスムーズに進むのでしょうが、ユーザは自分で色々情報を見て、あれこれ悩みたいのです。

　デジタルはセルフサービスチャネルなので、ユーザのニーズを無視できませんが、ニーズの矛先を少し曲げて「ゴールに直行」させることならできます。結婚式なら「一番良い食事を試食できます」、旅行なら「あなたにピッタリのプランを作ります」など、**ゴールの先に魅力的なコンテンツを用意し、ゴールに誘導**します。

　Webサイトについては、「一般ビジネスパーソン」向けのBtoB商材と同様です。最低限1ページだけでも成立しますし、トップページの一番上にフォームを露出するだけで完成です。

　唯一の違いとして、BtoB商材よりも「ゴール地点」の自由度が低いことが多いでしょう。BtoB商材は、資料請求が来ても架電してアポ獲得しますが、BtoCではそこまで積極的に営業しないビジネスがほとんどです。Webの「ゴール地点」は、来店予約、セミナー予約、個別相談などに落ち着きます。

　しかし、**理想的にはBtoCであっても、資料請求やホワイトペーパーダウンロードの「ゴール地点」を作り、架電営業すべき**です。架電営業のコストに見合う売上が立つことと、いきなり架電して悪評が立つリスクをコントロールできることを前提に、前向きに検討すべきです。営業組織が店舗にしかない場合は、マーケティングチーム側に「インサイドセールス（自社内から営業する電話部隊）」部隊を作ることをオススメします。

　架電による悪評リスクをコントロールするには、ユーザから架電許可を取る方法が有効です。例えば、資料請求フォームの最後に、電話で資料内容を説明して良いかというチェックボックスを設置します。許可してくれるユーザが30％しかいなかったとしても、何もしないよりははるかに売上に貢献するでしょう。

「ゴール地点」の障壁を下げられれば、ゴール到達率は改善し、その分集客に使えるコストが増えます。言い換えると、施策の幅がかなり広くなります。**「初回購入フェーズ」は競合が多く、集客コストが高騰するため、こうした施策の幅を広げられるかどうかが勝敗を分ける**のです。

集客は「一般ビジネスパーソン」向けのBtoB商材同様に「検索エンジン」周辺から手を打ちます。ブログ、有料検索、記事広告、アフィリエイトなどから集める手法はまったく同じです。

しかし、BtoB商材に比べて、競合の数が多いうえ、比較サイトなどが充実しているケースも多く、集客は難航することが多いでしょう。やはり「日常生活フェーズ」で認知を獲得しておくか、「ゴール地点」の障壁を下げてやや潜在層を集客するかなど、他社よりも施策の幅を広げることが不可欠です。

継続購入フェーズ
──既存顧客の将来に役立つコンテンツを届ける

高価なBtoC商材は、未だに「売り切り型」ビジネスが多く、「継続購入型」への移行自体が大きなチャレンジになるでしょう。しかし、単価の高いBtoC商材でも、既存顧客との継続接触は、必ず売上に貢献します。

例えば、人生に一度きりの結婚式場ビジネスでも、「記念日ディナー」など今後のライフイベントを見越したアップセルは可能です。保険、不動産、住宅ローン、教育など、畑違いかもしれませんが、他社とアライアンスを組むなど、検討はできるでしょう。さらに口コミによる友人紹介なども十分狙えます。

ビジネスモデルさえ構築できれば、あとはBtoB商材と同様に、「コンテンツ」と「ルーティン」で接触頻度を高めます。旅行、投資、保険、自動車などは、すぐにでもアクションできることがあるでしょう。

図10-2　単価の高いBtoC商材

保険相談カウンター DXアクセラレータ入力例

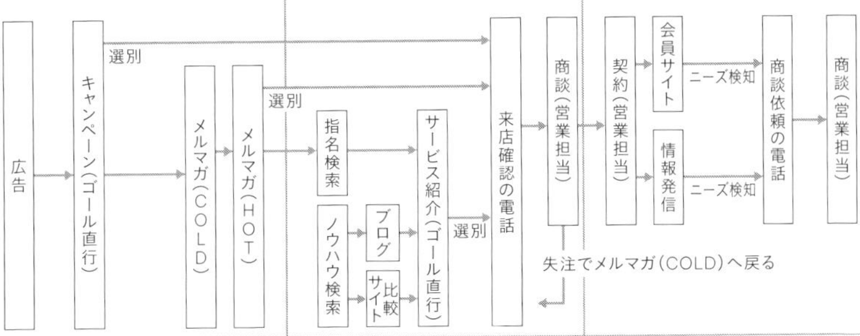

		日常生活	初回購入	継続購入
GOAL	目的	保険の相談カウンターなら「XXXX」という認知を得る	相談を希望する顧客の来店予約を獲得する	保険見直しや追加加入のニーズを検知し、来店予約を獲得する
	KPI	潜在顧客リスト数	新規来店予約数	既存来店予約数
	目標	XXX人（XX年末までに）	XXX件/月間	XXX件/月間
USER	状態	保険に興味がなく、TVCMで聞いた社名を知っている程度	結婚し、出産を控えて保険検討を始めた。選び方が全然分からない	知人のアドバイス等をきっかけに保険見直しの検討を始める
	理想の顧客接点フロー			
ACTION	A1	✓キャンペーン企画&応募ページの運用 ✓ディスプレイ広告を潜在顧客リスト獲得で最適化 ✓既存リスト向けメールマガジンでHOT度を管理	✓優先度の高い見込み顧客を選別して商談を設定（同時にCVポイントを設計） ✓サービス紹介ページでゴール直行導線を改善 ✓比較サイトと有料検索に広告を出稿	✓会員サイトへの訪問履歴からニーズを検知して営業担当に連携
	A2	✓特になし	✓初回購入フェーズ向けのブログを運用（※日常生活フェーズのブログと同ドメインに置く）	✓既存顧客向け情報発信とニーズ検知の運用
	A3	×ストックにならない認知広告の出稿 ×企業が言いたいことだけを綴った自己満足ブログの運用 ×ロゴ、デザイン、ブランドメッセージの刷新	×Webサイトの「デザイン」リニューアル ×入口ページ以外の改善や、細かいABテストの実施 ×アトリビューション分析	×ユーザ仮説不在のデータ分析

単価の低いBtoC商材
（飲食店、サロン、宿泊など）

　この項目では、購買プロセスにおいて営業担当者を介する、「単価の低いBtoC商材」を取り扱います。営業担当者を介するといっても、自ら足を使って商談するようなビジネスではなく、店舗を構えてお客さんを待つビジネスです。**例えば、飲食店、美容院、エステ、マッサージ、宿泊施設、病院などが該当**します。

　一見、営業担当者を介さないようにも見えますが、人間の対応で売上が大きく変わるため、サービス提供自体を「営業行為」と捉えるべきです。こうした店舗ビジネスは、単価が低い分、営業担当者の関与度を落とさざるをえません。具体的には、初回購入を決めるまでに営業担当者は一切関与しません。継続購入フェーズに絞って人間が対応し、リピート頻度を上げることでビジネスが成立します。

　こうしたビジネスでは、**「立地」と「サービス内容」が売上に与える影響は非常に大きいですが、もちろんデジタルの活用余地はあります**。ただし「立地」か「サービス内容」のいずれかに優位性がなければ、いくらデジタルを駆使しても成功は難しいでしょう。

　特に「立地」の影響はきわめて大きいと言えます。どれだけ技術の優れた病院でも、飛行機でしか行けない場所にあれば、よほどの難病でもない限り行かないでしょう。大好きな飲食店があったとしても、お腹が空いていて雨が降っていれば、最寄り駅にあるそれほど好きではないチェーン店に入ることもあるはずです。

　「単価の低いBtoC商材」を扱う店舗ビジネスは、売上規模の小さい事業者が多いため、可能な限りコストをかけずに最低限なすべきことを重点的に紹介します。

図10-3 単価の低いBtoC商材

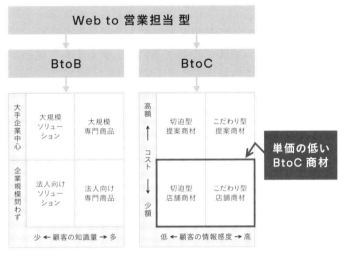

※単価の高い BtoC 商材と同様に、顧客の情報感度の高低
　で多少の差が生じます

日常生活フェーズ
——対象エリアが広いなら情報資産でリード獲得

　日常生活フェーズのGOALは、対象エリアの広さで変わります。まず
対象エリアが狭く、「近隣」ユーザ以外ターゲットにならない店舗は、デジ
タルを活用する必要がほとんどありません。提供するサービスが「一般受
け」するほどこの傾向が強くなります。

　例えば、私が住んでいる東京都文京区の茗荷谷駅にある居酒屋「和
来路」さんは、閑静な住宅街の中にあり、いつ訪れても地元客であふれ
ている人気店です。メニューは、決して奇をてらったものではなく、「一般
受け」するメニューをおいしく安価に提供しています。

　「世界三大珍味キャビア・フォアグラ・トリュフ専門店」のような珍しいコン
セプトがあれば、都内各所からお客さんが訪れるかもしれませんが、あく
まで「一般受け」する店舗は「近隣」ユーザがターゲットになることがほと

んどです。

　こうした店舗では、手間と時間をかけて「情報資産」を作り込み、デジタルを活用して全世界に情報を発信しても非効率です。**対象エリアが狭い場合、見込み顧客に接触するには、デジタルを活用するよりも「ポスティング」や「店頭看板」のほうが有効でしょう。**

　一方で、**対象エリアが広い店舗では、「ポスティング」や「店頭看板」の効果が低いため、日常生活フェーズでのデジタル活用が不可欠です。GOAL は BtoB などと同様に顧客リストを獲得して認知を取ることです。**対象エリアが広くなるケースは、提供するサービスがニッチ（隙間市場）な店舗です。これを言い換えると、USER の情報感度が「高い」ということになります。

　例えば、東京都内のマッサージ店はコンビニの約2倍あると言われていますが、その中でも「アーユルヴェーダ」というインドの医学を参考にした店舗に絞れば数十店舗しかありません。店舗が少なければ、それだけ対象となるエリアは広くなり、東京都に住む1400万人の中から、「アーユルヴェーダ」に興味がある人の認知を取らなければなりません。

　デジタルで認知を獲得する方法は、「単価の高い BtoC 商材」と同じです。**ほかに類を見ないノウハウやサービスなど独創的な「情報資産」を作り込むことで、潜在顧客に接触**します。

　例えば、アーユルヴェーダのマッサージ店なら、「アーユルヴェーダ」「インド」「健康」などにまつわる有益な知識を、ブログや SNS を通じて発信することで、ターゲットユーザに接触できるでしょう。インドでは「アーユルヴェーダ医師」の国家資格があり、取得までに5年以上の大学生活が必要だそうです。これほど学ぶべきコンテンツがありながら、日本語の Web サイトで紹介されている情報は限定的です。日本で誰よりも「アーユルヴェーダ」にくわしくなるつもりで勉強し、情報発信すれば見込み客が集まるのです。

「一般受け」する店舗であっても、多店舗展開するチェーンであれば対

象エリアが広がるため、日常生活フェーズでのデジタル活用が有効です。ニッチな店舗が持つような独創的な情報がない場合は、キャンペーンなどを用いて地域を絞らず顧客リストを集めます。「単価の高いBtoC商材」などと同じように顧客リストに対して「連呼」することで認知を獲得します。

初回購入フェーズ
──検索で表示される全サイトからゴール直行

　初回購入フェーズのGOALは当たり前ですが新規来店数を増やすことです。このフェーズのUSERは「選び方の勉強」「候補洗い出し」「候補絞り込み」という順に検索エンジンを通じて情報を集めます。それぞれの検索への対応方法を説明していきます。

　まず**「選び方の勉強」検索は、対象エリアの狭い店舗では無視して問題ありません。**
　例えば、クリーニングで「汗ジミ ワイシャツ」と検索するユーザは、おそらくクリーニングの潜在顧客でしょう。しかし、そのユーザが近くに住んでいる可能性はきわめて低いはずです。
　日本で一番努力して「汗ジミ ワイシャツ」を解決する「記事ページ」を書けば、検索結果で1位を取ることも不可能ではありません。しかし、そのページを見た日本全国のユーザたちは、あなたの店舗ではなく、確実に最寄りのクリーニング店に流れていくのです。
　もちろん全国にクリーニング店を展開する大手企業や、対象エリアの広いニッチな店舗なら、こうしたキーワードで1位を取る見返りがあるでしょう。ただ作業工数に余裕のない小さな事業者であれば、優先度は下げてしまっても良いでしょう。

　次の**「候補洗い出し」検索では、「新宿 歯医者」「美容院 代官山」など「エリア×業種」という検索が中心になります。**
　こうした検索で、個別店舗のサイトはほとんど表示されず、比較サイト

やGoogleマップが表示されます。検索するユーザは、個別の店舗を見たいわけではなく、複数候補を比較したいわけですから、比較サイトが上位を占めるという検索結果にも納得感があります。

　比較サイトの力が強い「飲食店」業界なら、始めから「食べログ」と検索したり、「食べログ」のアプリを開いたりするユーザもいます。飲食店や美容院など、反復して検索されやすい業種は、比較サイトの力が強まり、個別店舗側の裁量は小さくなりがちです。

　いずれにしても、この「候補洗い出し」検索の間は、個別店舗のサイトは一切見てもらえず、比較サイトやGoogleマップしか見られません。その中から2-3個の候補として選ばれるには、無料で掲載可能なすべての比較サイトに、正しい情報を掲載するしかありません。

　まずターゲットのユーザが検索しうるキーワードを洗い出します。嗜好性の低い「歯医者の保険診療」「美容院のカット専門店」などは選択肢が多いため、戦える商圏は狭くなります。検索キーワードは、「歯医者 飯田橋」「美容院 1000円カット 銀座」などになるでしょう。

　逆に、嗜好性の高い「カニ料理専門店」「インド式マッサージサロン」などはニッチで選択肢が少ないため、戦える商圏が広がります。むしろ商圏を広げなければ、顧客の数が足りずに廃業してしまいます。検索キーワードは「カニ料理 東京」「アーユルヴェーダ 東京」などになります。

　このような検索キーワードを思いつく限り洗い出したら、次は**実際にGoogleで検索してみて、上位10位以内に表示されるすべての比較サイトに自店舗の情報を載せます**。自分で積極的に登録しなければ、そのサイト上では店舗がないことになってしまいますし、もし悪意のある他者に登録されれば虚偽の情報が載ってしまいます。特にGoogleマップは上位に表示されるケースが多いため、最優先で登録すべきです。

　掲載する時は、可能な限り詳細な情報を載せます。例えば、「カニ料理」を提供しているなら、調理方法は「刺し身」「ボイル」「焼きガニ」、種類は「タラバガニ」「毛ガニ」「ズワイガニ」を取りそろえていることまで書きま

しょう。ズワイガニの刺し身を食べたい人もいれば、ボイルのタラバガニを食べたい人もいますし、品質問わずカニの食べ放題に行きたい人もいます。お客さんになりえる人を想像し、網羅的にメニューを掲載しておかなければ、そもそもそんなメニューはないと思い込み、候補から外されてしまうのです。これはメニューに限らず、写真や雰囲気などもできる限り詳細に情報を掲載します。当然、飲食店以外でもまったく同じように、可能な限り詳細な情報をすべて掲載します。

　ここで厄介なのが「口コミ」の存在です。Googleマップを含む、多くの比較サイトはユーザの口コミ投稿が可能です。時には理不尽な悪評を書かれてしまうこともありますが、正当に反論すれば、逆に信頼を獲得できる良質なコンテンツになります。**新しい口コミが投稿されていないか、毎週チェックして、すべてに必ず返信する**ようにします。手間ではありますが、信頼獲得には最も有効な施策の1つです。さらに**常連客に対して、口コミを書くようにお願いするのも有効**です。良い口コミの数が多ければ、それだけで信頼につながります。

　ここまで解説したように、情報を網羅的に掲載し、口コミを充実させていけば、媒体内での表示順位は自然に高くなります。SEOと同じですが、トリッキーに検索順位を上げる方法を考えるよりも、正攻法で顧客に役立つ情報を発信し続ける姿勢が、長期的なリターンを最大化します。

　最後に、「候補絞り込み」検索では、ようやく「自社サイト」が見られます。嗜好性の低い「クリーニング」などは、ここまでいたらずに意思決定がくだされることもあるでしょう。

　しかし、「単価の低いBtoC商材」でも、大半のビジネスは意思決定までに「自社サイト」が閲覧されます。ユーザが訪れる目的は「最後の確認」です。Webサイトがなければ、それだけでマイナス点がついてしまいます。少なくともトップページ1枚だけでも良いので、名刺代わりに自社サイトを構えましょう。

　先述の通り「初回購入フェーズ」のWebサイトは、最低限1ページあれ

ば問題ありません。自店舗のこだわり、写真、アクセス、メニュー、料金などを1ページに詰め込めば大丈夫です。最後に安心できそうだと思ってもらえれば良いのです。可能なら、来店したお客さんにも自社サイトの感想を聞いてみましょう。

ここでも当然「ゴール直行」を狙います。**トップページのファーストビューに、予約導線を設置してください。**Web予約は24時間365日受け付けできるため、設置するだけで必ず予約数が増えます。無料で導入できるWeb予約システムはいくらでもあります。

継続購入フェーズ
──来店した顧客とつながり、コンテンツを届ける

単価の低いBtoC商材でも「売り切り型」ビジネスから、「継続購入型」への移行が始まっています。定額通い放題の飲食店や、毎回定期検診の次回予約を入れる歯科医院などは「継続購入型」の好例でしょう。

単価の低いBtoC商材の多くはリピートを前提としたビジネスです。この「継続購入フェーズ」が最も重要な論点と言っても過言ではありません。しかし一番難しいのは、初回購入の次、2回めの来店をどのように促すかです。2回めに来店するかどうかは、初回購入時の人的サービスでどれだけ満足したかに依存します。ここから先は、初回購入で満足を勝ち取れたという前提で、デジタル活用の方針を説明します。

まず**初回来店時に、お客さんと連絡できる手段を獲得すべき**です。LINE、Facebook、メールアドレス、住所、アプリダウンロード、何でも構いません。連絡先を聞く理由としては、季節のメニュー紹介、クーポン発行、次回予約のリマインドなど、何でも大丈夫です。

前提として、初回来店時に満足してもらえなかったお客さんは、二度と戻ってきませんし、ターゲットユーザではありません。満足していないお客さんは、連絡先を聞いても教えてくれないかもしれません。しかしそんなことは一切気にする必要がありません。その人は、二度と戻ってこないこの

先一生縁のない人なのですから。口コミに悪評を書かれないレベルなら、連絡先を聞いても良いでしょう。

　一方で、あなたのサービスに満足してくれたお客さんであれば、お店の最新情報・お得情報・リマインドなど連絡してもらえれば嬉しいはずです。物怖じせず、積極的に連絡先を聞くべきです。

　連絡先を獲得できれば、ほかのビジネス同様に「コンテンツ」を届けられます。満足してくれたお客さんなら、あなたのサービス自体が魅力的な「コンテンツ」になるでしょう。新商品、キャンペーン、イベント、ノウハウ、次回来店リマインドなど、嫌がられない範囲で定期的に配信します。通常の告知だけで再訪してくれないお客さんなら、手書きの葉書を送ったり、割引率の高いクーポンを送ったりすると良いでしょう。

　「コンテンツ」制作には、それほど多くの時間も予算もかけられない企業がほとんどでしょう。デザインや体裁にこだわる必要はありません。**毎回同じフォーマットでも良いので、高頻度で情報発信する**ことのほうが重要です。お客さんにとって価値があるのは、新着情報です。何か新しいことを始めたら、それを通知するだけで構いません。言い換えると、デジタルに限らず、日々新しい企画を打ち出すこと自体が、お客さんを再訪させるきっかけになるのです。

図10-4 単価の低いBtoC商材

アーユルヴェーダサロン DXアクセラレータの入力例

		日常生活	初回購入	継続購入
GOAL	目的	東京のアーユルヴェーダサロンなら「XXXX」という認知を得る	マッサージの施術を希望する顧客の予約を獲得する	定期的な来店予約を獲得する
	KPI	潜在顧客リスト数	新規来店予約数	既存来店予約数
	目標	XXX人（XX年末までに）	XXX件/月間	XXX件/月間
USER	状態	健康またはインドに興味があるものの、まだくわしくは知らない	東京都内でアーユルヴェーダの施術が受けられるサロンを探す	自分へのご褒美で気が向いたら来店予約する
	理想の顧客接点フロー			
ACTION	A1	✓特になし	✓サービス紹介ページでゴール直行導線を改善 ✓比較サイトへの網羅的な情報掲載と、口コミ返信を徹底	✓顧客にSNSの友達登録を申請 ✓キャンペーン/イベント/新サービスの情報を発信
	A2	✓日常生活フェーズ向けのブログを運用 ✓SNSアカウント育成 ✓既存リスト向けメールマガジンの配信	✓初回購入フェーズ向けのブログを運用（※日常生活フェーズのブログと同ドメインに置く）	✓特になし
	A3	×ストックにならない認知広告の出稿 ×自身が言いたいことだけを綴った自己満足ブログの運用 ×ロゴ、デザイン、ブランドメッセージの刷新	×Webサイトの「デザイン」リニューアル	×来店につながらない既存顧客向けのブログ更新

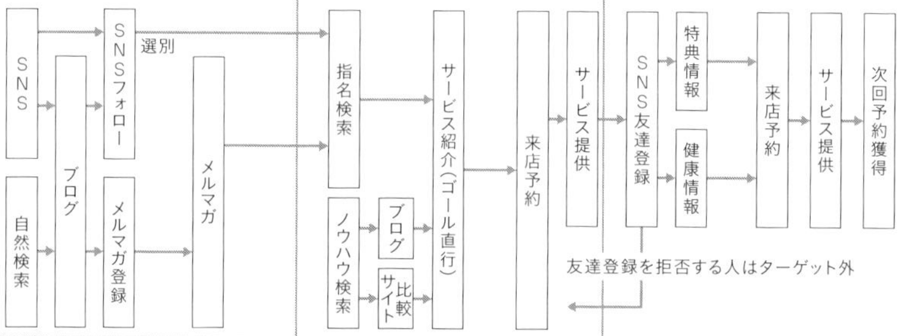

Chapter 11

【Web完結型】

ECの型

一般的なEC（複数商品を取り扱う）

　このChapterでは、デジタル上で決済でき、購入決定までに営業担当（人間）を介さないビジネスについて解説します。

　最初の項目では、複数の商品を取り扱う「一般的なEC」専業のビジネスを扱います。ECは本項を基本の型としたうえで、次項以降で「実店舗への送客を促すEC」と、「単品で定期購入を促すEC（いわゆる単品リピート通販）」について言及します。

　まずECは今後さらに厳しい競争にさらされます。様々な業種でEC化が進み、参入するプレイヤーが増えます。Amazonや楽天などのプラットフォーマーはさらに強くなり、それ以外のECは弱体化します。

　デジタルは無限に情報を掲載できるため、理論上は世界中すべての商品を同一のEC内に陳列できます。物流の壁はありますが、巨大なECに行けば概ね何でもそろうという状態が作れてしまいます。ユーザにとってもこの状態のほうが便利なため、Google検索の上位はAmazonや楽天に独占されています。

　この状況下で、**一般的なECが生き残るためには、徹底的にニッチを追求し、ファンを獲得するほかにはありえません**。例えば、プレミアムバンダイは模範的なECです。ガンダムや仮面ライダーなど固定客の多いジャンルに絞り、このECでしか購入できない限定商品を販売します。

　ECで最も重要なのは「商品」です。自分のところでしか買えない魅力的な商品を仕入れれば、Amazonが覇権を握った世界でも生き残れます。細かいSEO、広告、UIなどにとらわれず、商品を磨き抜くことに全精力を使うべきなのです。

図11-1　一般的なEC（複数商品を取り扱う）

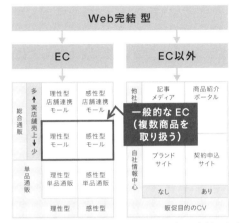

※理性的に選ばれる商材と、感性的に選ばれる商材で多少
の差が生じるため、文中でそれぞれ解説します

日常生活フェーズ
──認知だけを狙わず、初回購入を促進する

　一般的なECが日常生活フェーズでなすべきことは、初回購入の促進
です。つまり、初回購入フェーズと同一視して良いということです。

　ECは商品の原価と売価の差額で稼ぐビジネスです。サービス業や原価
の小さいビジネスに比べて、利益率に余裕がありません。Chapter10まで
に解説した営業担当につなぐビジネスと比べれば、販促に使えるコストが
段違いに低くなります。ECはデジタル化して店舗コストがかからない一方
で、配送料を値引けばその分コストがかかります。冷静に試算すれば、
商品を購入しないユーザのリストを集めて、悠長に継続接触するような余
裕はほとんどないでしょう。これが日常生活フェーズを意識しなくて良い理
由の1つです。

　ECが本業ではないメーカーや商社の中には、商品認知獲得のために
宣伝費をかけるケースもありますが、これは「ブランドサイト」の項目（260
ページ）で別途解説します。

また日常生活フェーズを意識しなくて良い理由の2つめは、「商品開発」によって初回購入を促進できるためです。日常的に購入される商品や、不要不急でも欲しくなる商品を作れば、日常生活フェーズのユーザでも購入するでしょう。**宣伝コストだけかけて、何も売らずに継続接触するくらいなら、売れる商品を作って販売したほうが良い**のです。

　例えば、家具のECでも、単価が高く購入頻度が低いため、一見するとBtoB商材のように、潜在層の顧客リストを集めて、継続接触するのが良いように思います。しかし、家具の利益率は決して高くなく、さらに倉庫の場所も取るため、BtoB商材のような悠長な施策が打てません。

　それならば、家具にこだわりすぎず、ほかの商品も売れば良いのです。バリ風家具の店なら、バリ風のタオルを売って、いずれ家具を買うユーザに継続接触しても良いのです。ECには売り場の制限がありません。「顧客の新規獲得」や「顧客との継続接触」に有効な商品を仕入れれば良いのです。

初回購入フェーズ
──一見さんに売れる商品を作ってゴール直行

　初回購入フェーズの**GOAL**は、そのままですが新規顧客（**USER**）に購入してもらうことです。**最も重要なACTIONは、「一見さんに売れる商品」を作ること**です。際立って魅力的な商品がなければ、新規ユーザは初回購入という高いハードルを越えてくれません。

　まずあなたは何か欲しい物があった時、どうやって探していたか想像してみてください。売っていそうな実店舗に赴いたか、Amazonや楽天を開いた方が大半でしょう。見たことも聞いたこともないECを開く可能性はゼロに等しいのです。

　つまり、**一見さん（USER）を獲得するには、「何かを探し始めた時」ではなく、「探したけど見つからない時」か、それ以前に「何も探していない時」を狙う必要があります。**

　SEO、SNS、広告など幅広い集客手段を駆使すれば、一見さんの目

に触れるところまではいけるでしょう。しかし、それだけでは絶対に買ってもらえません。「Amazonを探しても見つからない商品」を、あなたのECでは売っているのでしょうか？ 「何もしていない時に思わず買ってしまうような商品」を、あなたのECでは売っているのでしょうか？ この問いに自信を持って答えられないなら、まずは商品開発から始めなければなりません。

「一見さんに売れる商品」を作ると聞くと、何から着手すればよいかわからない方もいるかもしれません。それは別の部署の仕事だと思う方もいるかもしれません。しかしこれは明確にEC事業の命運を分ける最も重要な仕事の1つです。他人事だと思わずに着手すべきです。

やるべきことは意外に簡単です。まずは**今の購買データベースから、新規のユーザに売れている商品を探します。さらに競合ECや大手総合ECのサイトを確認し、トレンドで売れている商品を見つけます**。始めは単純にこれらの商品の在庫を拡充するだけでも、新規ユーザを獲得できるでしょう。その次に、**自社ならではの付加価値のある商品を開発していく**のです。トレンドは刻一刻と変わりますので、少なくとも毎月のキャッチアップが不可欠です。

こうしたデータ分析や競合調査まで実践できる仕入れ担当は稀です。EC担当のほうが冷静にデータを見られるため、商品開発・仕入れまで自分事だと認識してしまいますが、仕入れ担当にフィードバックしてしまったほうがうまくいきます。

「一見さんに売れる商品」に見通しが立てば、次は1人新規購入してもらうために、どこまでコストをかけてよいかという目標を決めます。これを「**目標CPA**（Cost per ActionまたはCost per Acquisitionの略）」と呼びます。

EC事業者は意外にもこの指標を見ていないことが多いため要注意です。まず新規とリピーターは追うべき指標を分けなければなりません。初回購入のハードルは、継続購入のハードルと比べて段違いに高いです。一度大きなハードルを越えて買ってくれれば、そのあとも継続購入してくれる確率は高まります。**最終的な顧客のLTVから割り戻して目標CPAを設定**します。

例えば、一度でも購入したことのあるユーザが、平均して購買単価5000円の買い物を、年5回、2年間継続して買ってくれるとします。そうなればLTVは5万円ですので、初回の販促費にも数千円かけて良いでしょう。初回購入は500円しか使ってくれなかったとしても、そのユーザは将来5万円の売上をもたらしてくれます。決して500円の元を取ろうとして、目標CPAを100円などに設定してはならないのです。

　同様の理由で、「新規ROAS（Return On Advertising Spendの略、広告費の回収率）」を目標に設定することも避けましょう。リピート前提のビジネスでは、初回購入金額にこだわる必要がないのです。リピートにつながる「初回購入者」をいかに増やせるかがすべてです。

　またLTVが改善すれば、目標CPAを高く設定できます。つまり、リピート率や購買単価が上がれば、それだけ大胆な販促活動ができるのです。ECでは後述する「継続購入フェーズ」が最も重要だということが、ここからも見て取れるでしょう。

　一見さんに売れる商品と目標CPAが決まれば、あとは予算の中で集客をかけるだけです。目標CPAに余裕があれば、広告と特集のキャンペーンページを作っても元が取れるかもしれません。芸能人に紹介してもらうソーシャル広告でも良いでしょう。LINEスタンプを作れば、億単位の予算はかかりますが、数百万人の一見さんにリーチできます。コストをかける集客は、予算と目標CPAの範囲で好きなだけ実施すれば良いでしょう。

　より重要なのは、**中長期で成果を出し続ける新規集客の「ストック」を**いかに作るかです。コストをかけずに継続的に集客できるように、相性の良いプラットフォームをハックします。

　まずGoogle検索はどのECでもハックできます。さらに追加で、写真に魅力があればInstagram、面白い新商品を頻繁に作れるならTwitter、値下げ勝負に強いなら楽天やYahoo!ショッピングなど、取り扱う商材に注力するプラットフォームを決めます。**いずれもプラットフォームの運営ポリシーを理解し、彼らにとって「優等生」に振る舞うことで露出を増やします。**

まずはどのECでも対応できるGoogle検索について解説します。ECでも、基本的にはほかのビジネスとやることは変わりません。狙うキーワードを洗い出し、そのキーワードで上位に上がっているページを分析し、それらよりもユーザにとって利便性の高いページを作れば上位に表示されます。

　ECには大きく分けて「トップページ」「商品一覧」「商品詳細」の3つのページが存在しますが、**検索では「商品一覧」か「商品詳細」への集客が主**です。
　「商品一覧」は、「プリントTシャツ」「パタゴニアTシャツ」のように、商品カテゴリ名やブランド名のキーワードで上位表示を狙います。検索するユーザのニーズを考えれば当たり前ですが、検索順位に一番影響を与えるのは「商品点数」です。プリントTシャツを買いたい時は、Tシャツを大量にそろえている店に行きたいと思うでしょう。
　次に影響を与えるのが、専門性や権威性です。できれば品質の高い商品を買いたいので、プリントTシャツならTシャツ専門店、パタゴニアTシャツなら公式店のほうがユーザに求められます。正直に言うと、これ以外の要素は些事です。サイト構造をGoogleのガイドラインに沿ってテクニカルに直すことも重要ですが、先述したユーザニーズを満たすほうがはるかに重要です。**特定の商品カテゴリで検索上位を取りたいなら、大量に商品を仕入れて店に並べれば良い**のです。

　「商品詳細」は、商品一覧よりもニッチな商品名で上位表示を狙います。さすがに無数に存在する商品詳細まで細かくキーワードを狙うことは難しいでしょう。ここで重要なのが、**新商品を登録する時の商品名の付け方にルールを作る**ことです。メーカーからきた商品名をそのまま登録していては、競合と差別化できませんし、検索するユーザから見てもわかりづらいでしょう。完璧に対応するには、かなりの手間と時間がかかるため、可能な範囲で検索されやすいキーワードを商品名に含めるようにします。
　Google対応は、時間とコストをかけすぎず、この方針で十分です。しかしECのSEO業界では、テクニカルなサイト構造改革を、高額なコスト

で請け負う業者があとを絶ちません。確かに、Googleが推奨するようにサイト構造を見直すことは有効ですが、狙うキーワードも、成果試算も曖昧なままに着手すべきではありません。ECは一般的なサイトよりも、システムで自動的に作られるページが多いため、構造を直すには数百万円から数千万円のコストがかかってしまいます。ユーザニーズも満たさずに、業者にSEOを丸投げしても検索順位は上がりません。コストをかけるならまず新商品を量産すべきです。

　続いてほかのプラットフォームのハック方法も軽く紹介します。しかしこれは日々移り変わるものなので、つねに最新情報を確認してください。

　まずInstagramは、写真に魅力があれば集客可能です。アパレル、グルメ、雑貨など、商品の見た目だけで購買判断できる商材なら相性が良いでしょう。我々が分類する18種類の型のうち、これらの商材を扱うECは「感性型」に分類しています。Instagramで新規ユーザを集客するには、「タグ」の運用が欠かせません。Instagramを利用するユーザは、オシャレな商品を探す時、検索画面から「タグ」をたどってウィンドウショッピングします。自社アカウントで商品画像を投稿する際に、思いつく限り「タグ」を設定しましょう。

　Twitterは、最も拡散力のあるSNSです。みんなが話題にしたいと思うくらい「斬新な商品」や「ふざけた商品」を開発して投稿すれば、またたく間に拡散します。逆に凡庸な商品を投稿しても、一切反響がないというシビアさがあります。商品開発に自信があれば、使わない手はありません。

　楽天やYahoo!ショッピングなどの外部モールは、新規顧客の獲得と、在庫処分に使います。公式ECと外部モールで同じ商品を売っていれば、ポイントがもらえる外部モールにお客さんが流れかねません。外部モールでは、公式ECとは異なる商品を販売し、2回め以降の購入で公式ECへの集客を狙います。外部モールなどで販売する商品は、「在庫処分品」が最適です。外部モールでは基本的に売上順に商品が並ぶため、まずは圧倒的な値引きで顧客を増やし、上位表示を狙います。公式ECに置いていても売れない在庫処分品を、少し赤字が出てもさばけるうえ、新規顧客

まで獲得できれば御の字でしょう。在庫処分品がなければ、あえて「明太子を乱切りにする」など、値下げする理由を作って販売することもあります。

　ここまで集客について解説しましたが、Webサイト側は「ゴール直行」を狙うだけです。**商品詳細ページに入ってくるユーザに対しては、ファーストビューにカート導線を置くだけで問題ありません。**

　ただし買ったことのないECで、住所や支払情報を入れるのは面倒です。購入を決めてくれたとしても、最後にAmazonで商品名を検索されてしまい、そこに商品があればAmazonで買われてしまいます。**可能なら、「Amazon Pay」などを導入し、購入の障壁を下げます。**商品詳細ページのカートのすぐそばに「Amazonのアカウントでも購入できる」ことを訴求すれば、初回購入率が飛躍的に上がります。「Amazon Pay」を導入しないにしても、カートの入力ステップと入力項目を極限まで減らし、入力負荷を下げる努力は必要です。

　商品詳細ページには、最後のひと押しとなるような情報を載せることも有効です。写真で選ばれる「感性型」の商品なら、写真のバリエーション数を増やします。アパレルなら着用写真や動画があるだけで、購買確率が上がります。そのほかにも、人気ランキング1位や、口コミの高評価、期間限定値引き中、当サイト限定商品など、あと押しになる情報はファーストビューに表示すべきです。

　商品一覧ページに入ってくるユーザに対しては、そこから購入する商品を絞り込んでもらわなければなりません。ここで**販売する商品が「理性型」か「感性型」かによって、最適なUIが異なります。**

　まず**「理性型」とは価格などスペックで選ばれる商品**です。PC、家電、本、オフィス用品などが該当します。「理性型」と言いつつ、大半のユーザは、理性的な判断ができるほど十分な知識がないため、正しく選べません。

　例えばPCを選ぶ時に、自身の用途からCPU、メモリ、HDD、グラフィックボードなどのスペックを定め、その中から最も安価な製品を選べる人は稀でしょう。用途別や価格帯別のランキングから商品を選び、その商品

の口コミ評価が高ければ、購入を意思決定できる人も多いでしょう。実店舗なら店員のオススメする商品や、棚で目立っている商品を買うことになります。

「理性型」の商品は、自分の理解できる範囲で、論理的で賢い買い物をしたと納得できれば購入にいたります。 そのためには、まず候補となる商品の選択肢を減らすべきです。商品が多すぎれば迷って決断できないのです。SEOでは商品点数を増やす必要があるとお伝えしましたが、購入確率を上げるには商品点数を減らさなければなりません。

商品点数を実際に減らさなくても、候補を絞り込むことはできます。例えば、ランキングが有効です。商品は100種類あるけど「一番人気の商品はこれです」と推奨することで、選択肢は大幅に狭まります。ほかにも、診断で絞り込む、口コミで序列を付ける、デザインで強弱をつける、選び方記事で絞り方を解説するなどが有効です。

将来的にはGoogle検索のレベルが上がり、ユーザが選びやすい商品一覧ページのほうが上位に表示されるようになるかもしれません。ユーザにとっては、ただ商品点数が多いだけでなく、親切に選び方まで教えてくれるのですから。

次に「感性型」の商品一覧ページに最適なUIを解説します。「感性型」の商材は、アパレル、雑貨、グルメ、インテリア、ホビーなどです。**「感性型」の商品は、ユーザが写真から主観的に購入を判断**できます。

そのためInstagramのようにタイル形式で、写真の一覧性を高めると購買確率が上がります。主観で選べるため、商品点数が多くても問題になりません。むしろ「理性型」のように選択肢を絞りすぎると、購買確率が落ちます。ランキング1位のユニクロのTシャツを買えば、渋谷駅で同じ服を着ている人に遭遇しかねません。

「感性型」商品の場合、気になる商品をどれだけ多く見せられたかで勝負が決まります。 商品一覧ページの下部では、見終わったあとに類似の商品一覧へ誘導するリンクを設置すべきです。商品詳細ページでは、類似の商品一覧ページへのリンクを、ファーストビューのすぐ下に設置すべきです。

最後に、**初回購入で忘れてはならないのが「会員登録」してもらうこと**です。2回め以降の購入につながらない初回購入には、何の価値もありません。

　会員登録なしで購入できる「ゲスト購入」への誘導を強めれば、初回購入率は高まるでしょう。しかしそれは愚策中の愚策です。LTVで考えなければECは生き残れません。

　そもそも「会員登録して購入」と「会員登録せずに購入」を分ける必要すらありません。ユーザは購入したいだけなので、会員登録など一言も言わずに購買に必要な情報を入力してもらい、最後にメール配信のパーミッションを取れば良いだけです。許可してくれる人の割合を増やすためには、「次回使えるクーポンを送付する」という文言にしても良いですし、デザイン上の工夫も色々できます。

継続購入フェーズ
──LTVを高める商品を作り、継続接触する

　継続購入フェーズのGOALは、既存顧客（USER）のLTVを高めることです。このフェーズで**最も重要なACTIONは、「LTVを最大化する商品」を作ること**です。ここまでお伝えしている通り、ECは商品がすべてと言っても過言ではありません。

　この先は、商品にはそれぞれ「役割」があるという考え方が必要です。例えば、前述した通り、商品の中には「初回購入」に貢献するものがあります。初回購入後にも、LTVを最大化するまでのストーリーの中で、様々な「役割」を担う商品を用意していきます。

　まず初回購入のあと、多くのECは「3回め」まで購入してもらえれば、リピーターとして定着する確率が上がります。そこで**「2回め」「3回め」に買ってもらいやすい商品を開発**します。初回購入の商品別に、2-3回めのストーリーを作るのが良いでしょう。

　例えば、子ども向け玩具の「プラレール」は、初心者向けのセット商品として、基本のレールと人気車両を約3000円という低価格で販売してい

ます。当然この商品を買ったユーザは、ほかの電車も欲しくなるでしょう。「2回め」は人気の新幹線、「3回め」はレールの拡張など、ユーザを想像してストーリーを組み立てればよいのです。

次は「継続購入型」ビジネスの真骨頂とも呼べる、**定期的に購入してもらえる商品を検討**します。

先述の通り、粗利が高く、在庫が尽きず、短期間で消費される商品であることが条件です。加えて、あなたのECで買うほうが、Amazonや実店舗で買うよりも、賢い選択をしているとユーザが納得できるものを探します。こうした商品を確立できれば、売上がベースアップするのみならず、頻繁に接触できるようになるため、アップセルの機会も増えるのです。

最後に**アップセル用の商品**です。

継続購入しているユーザなら、何かを買うつもりでサイトに訪れてくれています。先述の通り「ついで買い」の障壁は低いので、LTVを回収する絶好のチャンスと言えます。ここで送料無料5000円や、1万円以上お買い上げで限定特典プレゼントなど、購入金額に応じたインセンティブを付与します。そうすれば継続購入している商品のほかにも買いたい商品を探してくれます。ほかにも、3点で1万円特集や、プラレールお得セットのように、セット販売で単価を引き上げます。ここでもやはり、**継続購入している商品や、過去に購入してくれた商品から、次に何を欲しがってくれるかというストーリーを考えるべき**です。

商品は「役割」別にKPIを管理します。「初回購入」は前述の通り、新規獲得数とCPAで評価します。「2-3回め」の購入も、初回購入と同様のKPIで良いでしょう。

「継続購入」は、定期課金契約にしていれば、BtoB商材のSaaSなどと同様に継続率をKPIにします。都度課金の場合も、定期的に購入してくれているユーザの数を把握し、離反率を可視化しましょう。

「アップセル」は、一定以上の粗利を確保できている前提で、カテゴリ別

の売上を見るのが妥当でしょう。あわせて在庫がなくなるまでの日数が速い商品のチェックも欠かせません。

　いずれも、可能なら毎日、少なくとも毎週レベルで予実を管理します。前年同月の曜日あわせで、目標を設定し、予実に少しでもズレが生じた場合は、その原因を記録します。この運用を繰り返すことで、何が売上に影響を及ぼすのか、現場に肌感がついてきます。

　商品の次に売上に影響を及ぼすのは「値引き」ですが、闇雲に値引くのではなく、何のカテゴリをどれだけ値引けば予実を達成できるのかという知見もこの運用の中で学べます。

　次に決まった商品の継続購入以外にも、ユーザとの接触頻度を上げていきます。**固定客のついているECでは、ユーザが「ルーティン」行動を毎日・毎週繰り返します。**

　特定のECのファンと化したユーザは、何も通知しなくても自発的に訪問してくれます。そして新着商品、買いそびれた再入荷品、気になっていた商品の値下げ、特集などをチェックします。このルーティン行動の頻度を増やすほど、閲覧する商品点数が増えて、LTVは上昇します。こうした「ルーティン」を促すUI設計が求められます。

　まず**リピーターは新規と異なり、トップページを起点に行動します。ECのトップページは、リピーターのためにある**と考えましょう。ただトップページに滞在する時間は一瞬です。すぐに新着商品などに遷移してしまいます。一方で、新着商品を見終わったあと、トップページに戻ってくるユーザも一定数います。トップページは、リピーターに閲覧して欲しい「ルーティン」行動のゲートウェイとして、上から優先度順にリンクを張っていけば良いでしょう。

　加えて、**各「ルーティン」の終了地点は、次のルーティンへいざなう一等地**です。例えば、新着商品一覧ページの下部は、新着商品を見終わったユーザが次に何をしようかと、心の隙ができる瞬間です。ここには、特集・値下げ・再販品など、別の「ルーティン」へのリンクを配置すべきです。

　こうしたユーザの「ルーティン」を詳細に知るためには、既存ファンの「行

動観察調査」が有効です。EC サイトによる差はそれほどありませんが、リアルな行動を目の当たりにすることで、UI 改善が進みやすくなります。

　上記の**「ルーティン」に入ってもらえるように、まだロイヤルティがそこまで高くないリピーターには、頻繁な「通知」によって訪問頻度を高めます。**

　通知は「手段」と「シナリオ」の掛け算で管理します。

　まず、「手段」には、コストがかからない順に、メール、アプリの PUSH 通知、LINE、葉書、広告、カタログなどがあります。可能な限りコストのかからない手段からリピート購入を狙いますが、反応のない顧客には 1 つずつコストのかかる通知方法を試していきます。

　次に、「シナリオ」は、必ずやるべきは新着商品を高頻度で通知することです。メールなら無料で送付できるため、毎日送ることを推奨しています。新着商品を毎週 7 個仕入れられるなら、週に 1 回まとめてメールを送るよりも、7 回に分けてメールを送り、接触頻度を高めるべきです。メールはサイト訪問のきっかけに過ぎず、本文に凝る必要は一切ありません。メールのファーストビューに、新着商品の紹介と、新着商品一覧ページへのリンクがあれば十分でしょう。

　ほかにも「鉄板」と呼べるシナリオがいくつかあります。例えば、カートに商品を投入したまま離脱したユーザに通知する、お気に入りに登録した商品の値下げを通知する、誕生日にクーポンを通知する、会員ランクが下がりそうな時に通知する、再販希望の商品の再入荷を通知するなど、いくらでも考えることができます。

　さらに先述のように、プラレール初心者セットを買ったユーザは、1 ヶ月以内に別の電車も購入するというような、ユーザを具体的にイメージしたリコメンドを、ひたすらシナリオとしてセットしていくと良いでしょう。商品仕入れ担当は、時間に余裕がある限り、このシナリオを作り続けるべきです。AI には到底真似できない、自社独自の高精度なリコメンドシステムが完成します。

図11-2 一般的なEC（複数商品を取り扱う）

DXアクセラレータの入力例

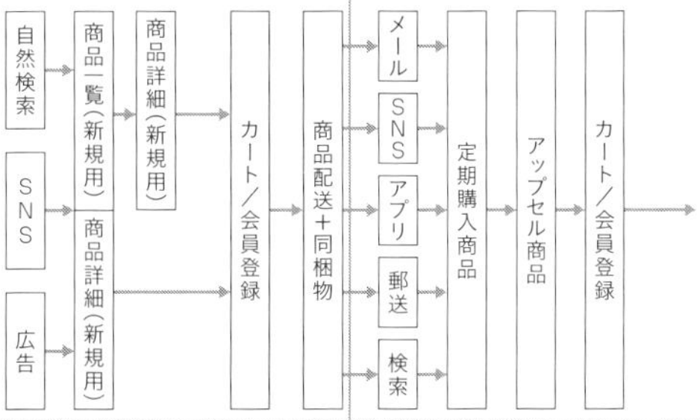

		日常生活	初回購入	継続購入
GOAL	目的		新規に購入してくれる顧客を獲得する	継続的に購入してくれる顧客を獲得する
	KPI		新規顧客獲得数	売上（単価×頻度×人数）
	目標		XXX人/月間	XXX円/月間
USER	状態		欲しい商品があれば、実店舗かAmazonや楽天で購入する	お得な買い物ができるなら、Amazonや楽天以外でも購入する
	理想の顧客接点フロー		自然検索／SNS／広告 → 商品一覧（新規用）／商品詳細（新規用） → 商品詳細（新規用） → カート／会員登録 → 商品配送＋同梱物	メール／SNS／アプリ／郵送／検索 → 定期購入商品 → アップセル商品 → カート／会員登録
ACTION	A1		✓新規獲得狙い商品開発＆運用 / ✓SEOを狙った特集ページの量産 / ✓商品広告の運用	✓定期購入狙い商品開発＆運用 / ✓アップセル狙い商品開発＆運用 / ✓メールマガジンなどの頻度増強
	A2		✓購買〜会員登録導線の最適化 / ✓SNSアカウントの育成	✓ファン向けアプリの開発 / ✓リコメンドシナリオの蓄積
	A3	×ストックにならない認知広告の出稿 / ×ロゴ、デザイン、ブランドメッセージの刷新	×Webサイトの「デザイン」リニューアル / ×主要導線以外の改善や、細かいABテストの実施 / ×サイト構造を大幅に見直すSEO施策	×在庫処分や季節イベントのために、惰性で企画される特集 / ×万人受けを狙ったアプリ開発 / ×商品以外の読み物コンテンツ制作

実店舗への送客を狙うEC
（百貨店・量販店・メーカーなど）

　この項目では、「実店舗への送客を狙うEC」を解説します。**百貨店、量販店、メーカーなど、これまでリアルな店舗で商売してきた企業が立ち上げたECサイト**が中心です。

　しかしこうしたECサイトは、戦略がなく、存在意義すら曖昧なことが多々あります。小売やメーカー企業なら、モノを作って売る商売だし、とりあえずECでも作るかという「施策ありき」でスタートしているサイトが非常に多いです。

　しかしデジタルは「顧客主導」でなければ成功しません。「施策ありき」の小売やメーカー企業のECサイトはことごとく失敗してきました。理由はユーザにとって、一切メリットがないためです。

　まずは実店舗でいつでも買えるのに、わざわざ送料を支払ってECサイトで買う必要がありません。ECサイトは、当然ですが手に取って見ることもできません。持ち運ぶには大きすぎるものを買う時か、梅雨などで外出できない時以外には使う理由がありません。

　次にこうしたECサイトは、商慣習上、値下げができません。メーカーなら、自社商品を売ってくれる小売店に気を遣いますので、自社ECサイトで小売店よりも安い価格はつけられません。小売店も、実店舗よりECサイトで安く販売してしまえば、組織間で軋轢を生みます。

　最後に、どこでも買える商品を置いています。前項でも説明した通り、ECサイトは商品がすべてです。いつでもどこでも実店舗で買える商品を置いたところで、競合ひしめくインターネットの海で勝てるわけがありません。立地だけで勝っていた魅力のない店舗が、デジタルで勝つには「顧客主導」への発想転換が不可欠です。

図11-3 実店舗への送客を狙うEC

※一般的なECと同様に、「理性型」商材と「感性型」商材で多少の差が生じます。「理性型」商材とは、PC、家電、本、オフィス用品など、価格やスペックで合理的に購買を判断したい商品です。「感性型」商材とは、アパレル、グルメ、雑貨など、商品の見た目だけで購買判断できる商材です。店舗で接客するため、営業担当を介するとも解釈できるが、EC同士を比較するためにここに区分しています

売上0円でも良いECサイトがある

　小売業やメーカーが運営するECサイトで、売上はまったくふるわないが、ユーザ数は非常に多いというケースがよくあります。ユーザは商品をまったく買わないにもかかわらず、なぜかそのECサイトに熱心に通っているのです。

　結論から言うと、このケースの**USERはファンであり、カタログ代わりにECサイトを利用**しています。

　メーカーや小売企業は、実店舗ビジネスを通じてファンをつかんでいることがあります。こうしたファンは、実店舗に毎週・毎月通って、新商品をチェックしています。このユーザ行動が、意図せずにデジタル化している状態です。

Chapter 11 【Web完結型】ECの型　245

ファンはブックマーク、メールマガジン、アプリの通知などをきっかけに、ECサイトに訪れます。熱狂的なファンは、暇があればECサイトに訪れます。頻度は毎日〜毎週と、実店舗に通う頻度よりは確実に高いでしょう。

　ECサイトに訪れて最初にすることは、新着商品のチェックです。前回チェックした商品まで、すべてに目を通します。気になる商品は、店頭在庫を確認し、スクリーンショットを取って保存し、次回来店時に購入します。送料がかかるし、できれば手にとって見たいので、ECサイトでは買わずに実店舗で買います。ファンは定期的に実店舗に通っているので、ECサイトで買う必要は皆無です。

　限定商品など、即座に売り切れる可能性がある場合、実店舗に電話して取り置きしてもらうユーザもいます。ECで買うとすれば、Web限定商品か送料無料の時だけです。

　こうしたECサイトの**GOALは、実店舗の売上を増やすこと**です。新着商品を網羅的に、かつ高頻度にチェックしてもらえる環境を用意できれば、来店頻度も上がりますし、購入商品点数も上がります。

　そうなればECサイトのKPI（重要業績評価指標）は「売上」ではなくなるのです。厳密には「ECサイトの売上」ではなくなります。ECサイトの売上が0円でも、顧客は満足してECサイトを頻繁に利用し、実店舗での購入額が増えます。

　この**「ECサイト」の正しいKPIは、「閲覧商品点数」「実店舗在庫確認数」「スクリーンショット回数」などになります。実店舗での購買額と最も相関性の高い数字を主要なKPIに設定**します。

　さらにECサイトで人気の商品がわかるようになれば、メーカーの商品開発現場でも革命が起きます。

　商品企画担当の勘と度胸に頼って、売れるかどうかわからない商品を大量生産するという博打を打つ時代が終わるのです。小ロット多品種をECサイトで販売し、需要を見極めてから売れ筋商品に寄せるという、いかにもデジタルらしい商品開発が可能です。

このデジタル活用は、小売業やメーカーの「継続購入フェーズ」だと捉えると良いでしょう。新商品という「コンテンツ」と、ECサイトでの「ルーティン」を作ることで、ファンの可処分時間を獲得し、LTV（顧客生涯価値）を高めているのです。

　しかし、このように「偶然」成功している状態には、まだ改善余地があります。**KPIを再設定し、ファンとの接触時間を増やす施策を打つことで、実店舗での売上を増やせる余地は十分にある**でしょう。

　またこの状態に甘んじているのは、リスクが高いことも認識すべきです。デジタルでの購買は確実に増えていきますので、実店舗で獲得できるファンの数は減り続けるでしょう。

　小売業は実店舗の認知が落ちますし、そこで販売していたメーカーも影響を受けます。デジタル上でファンを獲得できるようにしなければ、先細りは目に見えています。

EC売上を増やすなら
実店舗との関係見直しが欠かせない

　メーカーでも小売業でも、ECサイトの売上を増やすためにやるべきことは、前項の一般的なECサイトの型と共通です。しかし実店舗でも買える商品を、わざわざ送料の分だけ高くなるECサイトで買うユーザは稀です。ECの売上を増やしたいなら、実店舗との関係を見直し、実店舗からECサイトへ積極的に送客する必要があります。

　例えば、アパレルの実店舗では、オシャレな店員さんにファンがついているケースがあり、彼・彼女らの書くブログをきっかけにECで商品が売れることがあります。人気店員さんが紹介した商品は、その店員さんが勤める店舗ではすぐ売り切れてしまうため、在庫を融通しやすいECでの購入につながります。

　しかし、ECの売上がいくら増えても、店員さんにとってメリットがなければ、ブログを書くモチベーションは続かないでしょう。従来の評価システムであれば、店員さんは実店舗のレジを通した売上のみで評価されました。

しかしECの売上を増やしたいなら、ブログで店員さんが紹介して売れた商品も、実店舗や店員の売上として評価し、実店舗とECの協力関係を築かなければなりません。

　こうした例は、直営店で販売するビジネスなら比較的スムーズでしょう。一方、メーカー企業が、他社が運営する小売店で販売するケースは難易度が上がります。

　小売店の企業からすれば、実店舗で見たあとにメーカー直販のECサイトで買われれば困ってしまいます。理想的には、実店舗で見たあとにECで購入する行動をトレースできるようにして、最適な利益配分を行なうべきです。そこまで厳密に可視化しなくても、双方がWin-Winになるように契約を見直す方法もあり得るでしょう。

　しかし、これまで長く続いてきた商習慣を見直すのは、難しいことがほとんどです。多くのメーカーは、今すぐに小売企業との関係を見直すことはできず、一方で完全に決別して直販だけで売上を立てる判断もできません。

　そのような状況で、少しでもECの売上を増やすためには、価格を実店舗より下げられないという大きなディスアドバンテージに抗う「メリット」を作ることが欠かせません。大きな方針としては「Web限定商品」か「実質安い特典」のいずれかが必要です。

　まず、**「Web限定商品」として、直販ECサイトでしか売っていない商品を開発する**ことです。実店舗では買えない魅力的な商品があれば、当然売上につながります。ただ本当に売れる商品なら実店舗でも売りたくなってしまうため、本気で売上を増やしたいならECサイト専用の製品開発部署を作り、実店舗では「絶対」売れなくする必要があります。少し売上を増やすだけなら、Web限定の「カラーバリエーション」商品でも事足りるかもしれませんが、ビジネスとして独り立ちすることはありえないでしょう。

　次に、**「実質安い特典」は、商品価格を値引きできない分、様々な特典を付け、実質的には実店舗と同じかそれ以上にお得になるサービスを**

作るという方針です。送料無料、X年保証無料、下取り無料などコスト削減系の特典は、実店舗と対等な勝負をするうえで不可欠になることがほとんどです。それに加えて、**継続購入を促す商品を、市場価格よりも圧倒的に安い価格で提供**します。例えば、ワインセラーのメーカーなら、店頭では1万円するワインを、仕入原価の6000円で定期的にお届けする「ワイン定期便」を特典として付けます。毎月4000円お得なら、1年間で約5万円の値引きになります。メーカーは「ワインセラー」だけ売れば利益が出ますので、「ワイン定期便」は黒字にならなくても良いという発想です。追加でさらにワインを買ってもらえれば黒字にもなるでしょう。

ただし上述した「Web限定商品」も「実質安い特典」も、実店舗側に目をつけられれば一巻の終わりです。どちらも目立ちにくいグレーなラインではありますが、実店舗よりもメリットのあるサービスを提供しているのですから、いつ実店舗からクレームが来てもおかしくありません。

つまり本質的には、実店舗との関係を騙し騙し続けつつ、直販ECサイトの売上を大幅に増やすことは不可能だということにほかなりません。**直販ECサイトの売上を増やすという経営判断は、実店舗との関係性を見直す意思決定**であることを認識しなければなりません。

もし実店舗と決別する未来を想像するなら、少しずつ準備を始めるべきです。

先述した通り、グレーなラインでEC運営のノウハウを学び、少しずつ売上を増やします。メーカーであれば、MDや倉庫も自前で持ち、大規模な流通にも耐えられる組織を作ります。

加えて、実店舗で購入したユーザの会員情報も獲得すべきです。高額商品なら「ユーザ登録」によるメーカーサポートを訴求して、会員情報を取得します。低額商品なら購入者限定の「キャンペーン応募」などを駆使して会員情報を取得します。実店舗がなくなっても顧客と直接つながる術があれば、いきなり「継続購入フェーズ」から始められるのです。

図11-4 実店舗への送客を狙うEC

DXアクセラレータの入力例

		日常生活	初回購入	継続購入
GOAL	目的			店舗で購入したいと思える商品の候補を増やす
	KPI			スクリーンショット＆保存回数
	目標			XXX回/月間
USER	状態			大好きなXXの店舗に売ってる商品をぼーっと見ていたい
	理想の顧客接点フロー			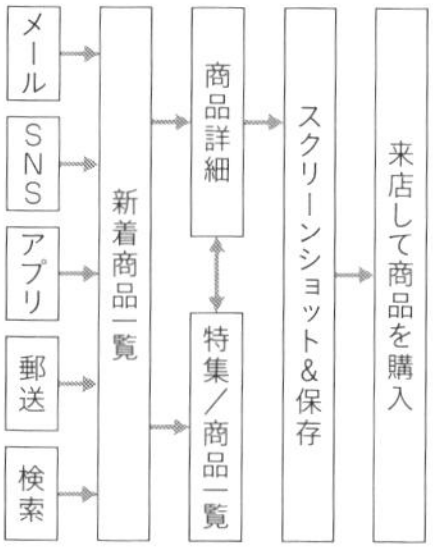
ACTION	A1			✓ 新着商品の網羅的な掲載 ✓ 回遊性の強化 ✓ メールマガジン等の頻度増強
	A2			✓ ファン向けアプリの開発 ✓ 商品開発にフィードバックする仕組みの構築
	A3	×ストックにならない認知広告の出稿 ×ロゴ、デザイン、ブランドメッセージの刷新	×Webサイトの「デザイン」リニューアル ×主要導線以外の改善や、細かいABテストの実施 ×サイト構造を大幅に見直すSEO施策	×在庫処分や季節イベントのために、惰性で企画される特集 ×万人受けを狙ったアプリ開発 ×商品以外の読み物コンテンツ制作

単品で定期購入を促すEC
（健康食品・コスメなど）

　この項目では、「単品で定期購入を促すEC（いわゆる単品リピート通販）」を解説します。単品リピート通販の多くは、初回購入のハードルを下げて新規購入者数を増やし、そのあと営業電話をかけて定期購入に引き上げます。

　単品リピート通販は、特殊なECサイトだと考えられがちですが、本質的には一般的なECサイトと大きな差異はありません。初回購入から継続購入につなげるというECサイトのビジネスモデルを、単一の商品で実現しているだけです。

　単一の商品で新規購入者を増やし続けるには、広告を大量投下しなければなりません。一般的なECサイトのように、商品数を増やして自然検索やソーシャルから集客することができないためです。

　さらに単一の商品で継続購入を促すには、人間が電話で手厚く説得しなければなりません。一般的なECサイトのように、リピーターに次々と新商品を紹介して接触時間を増やすことができないためです。

　単品リピート通販は、単一商品に大規模なコストを投下することでビジネスを成立させます。このようなモデルを成立させるためには、利益率が非常に高い商材を扱わなければなりません。そのため**健康食品やコスメ以外ではほとんど成り立たないビジネス**だと言えます。

　投下コストが大きく、商材の制約も大きい単品リピート通販ですが、一般的なECサイトのように大量商品の管理からは解放されます。初期投資のキャッシュさえあれば参入できることが単品リピート通販の魅力でしょう。

図11-5 単品で定期購入を促すEC

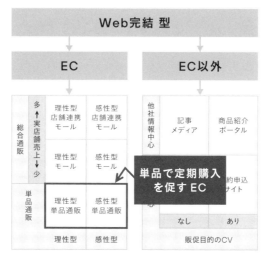

※一般的な EC と同様に、理性的に選ばれる商材と、感性
的に選ばれる商材で多少の差が生じます。電話で営業する
フローが一般的なため、営業担当を介するが、EC 同士を
比較するためここに区分しています

巨人かニッチャーしか生き残れない

　単品リピート通販は、膨大な宣伝費を投下できる「巨人」か、市場規模は小さいが強烈なコンプレックスを解消する「ニッチャー」しか生き残れません。

　その理由は、単品リピート通販が扱う「健康食品」や「コスメ」という商材の性質に起因します。市場規模が大きく「一般受け」する商材ほど、劇的な効果を実感することは稀です。健康食品やコスメには、医薬品ほど体調に影響を及ぼす成分は入れられません。継続購入している人でも、何となく体に良さそうだから続けているという方がほとんどでしょう。

　商品の効能を実感しづらい場合、購買の意思決定は曖昧な「商品イメージ」によってくだされます。この「商品イメージ」を形成するうえで、最も有利な手法がマス広告です。特にターゲットユーザが高齢なほど、テレビ

インフォマーシャル（番組内で商品を解説する長尺のTVCM）の影響力は絶大であり、費用対効果でも獲得件数でもデジタルに勝ち目はありません。

　もちろんテレビインフォマーシャルを、デジタルで代替しようとする動きも盛んです。例えば、SNSのインフルエンサーの推奨、アットコスメのランキング1位、楽天のランキング1位、アフィリエイトサイトでの1位など、様々なメディアを通じて権威性を高めるアプローチは常套手段です。しかしユーザのデジタルリテラシーが高まるにつれて、どこに行っても見かける「1位」の信頼性は地に落ちています。数字で比較しても、テレビの効果には遠く及びません。

　市場規模が大きい商材で単品リピート通販に挑めるのは、多額の宣伝費を投下し赤字を掘る体力がある「巨人」だけなのです。

　一方で市場規模は小さくなりますが、強烈なコンプレックスを解消する商材を扱うのであれば、低予算でも戦える可能性があります。例えば「敏感肌向けコスメ」など、使用した直後に効果を実感できる商品であれば、商品力で勝負することができます。

　一方で、敏感肌のユーザで、かつ該当商品と相性が良いユーザとなれば市場規模は限られるため、売上もそれほど大きくは期待できません。

　このように「巨人」か「ニッチャー」かしか生き残れないことを理解したうえで、自社の戦略がどちらなのかは明確にすべきです。

　予算をそれほど持ち合わせていない企業が、市場規模の大きい市場に打って出ても勝ち目はありません。中途半端な宣伝コストしか出せないため、やむをえずデジタルを活用するのでしょうが、それでは費用対効果が合わず失敗することが目に見えています。「SNS」や「1位」で狙える売上規模には限界があるのです。

初回購入フェーズ
──定期購入につながりやすいゴールへ直行

　一般的なECサイトと同様に、日常生活フェーズは、初回購入フェーズと統合して考えます。**認知獲得と同時に、初回購入へ誘導することがGOAL**です。利益率の高い商材を扱うとはいえ、営業担当を介するビジネスに比べれば単価も低く、認知を取って継続接触するような余裕はありません。

　初回購入フェーズで最も重要なのは、**LTVを最大化するゴール設計**です。**単品リピート通販にとって、最も重要な指標は、定期購入契約の「継続期間の長さ」**です。多くの商品は、少なくとも5回以上は定期購入を続けてもらえなければ元が取れません。

　そのため、初回購入時点でどこまでLTVの長い契約を結べるかが勝負の分かれ目になるのです。多くの場合、初回購入時点で定期購入契約まで獲得する方法がLTVを最大化します。例えば、お試し購入を申し込んできたユーザに、コールセンターから電話をかけて「この電話で定期購入に切り替えてもらえれば、さらにお値引きします。定期購入にはなりますが、もちろん1ヶ月でやめていただいても大丈夫です」と説得するのです。

　この方針は、BtoB商材のリード獲得で説明した「質より量」とは真逆です。単価の低いビジネスでは、BtoB商材のような手厚い営業行為ができませんので、質の低すぎるリードはマネタイズできません。さらに効能を実感できない「健康食品」や「コスメ」なら、仮にお試ししたとしても、そのあと自発的に定期購入することはないでしょう。

　Webサイトに新規に訪れたユーザが、「定期購入」する確率は、「お試し購入」する確率の約半分です。逆に言えば、「お試し購入」したユーザの半分以上を定期購入契約に転換できるなら、Webサイトのゴールを「お試し購入」にしたほうが有利です。LTVを最大化するゴールを選ぶ行為こそが、成果に最も大きく影響を及ぼすのです。

　ゴールが決まれば、あとは「ゴール直行」するサイトを作るだけです。

単品リピート通販の宣伝用のページは、慣習的に縦長に大量の訴求を並べ立てるものが主流ですが、残念ながらどれだけ凝ろうとも大した効果はありません。

　どのようなビジネスでも、デジタルは「3秒以上の営業トーク」が許されません。購入してくれるユーザは、流入前のテレビインフォマーシャルで興味を持っているか、コンプレックスを解決するニッチな商品に魅力を感じているなど、事前に明確な期待を持っており、あとは期待通りのゴールにわかりやすく導くだけなのです。

　単品リピート通販は宣伝費を多くかけるため、広告用の宣伝ページにも多額の予算が振られがちです。しかしこの宣伝用のページは1枚制作すれば事足りてしまうため、余った予算を消化せねばならず、不必要に凝ったデザインが王道だと勘違いされています。まさに裸の王様と言わざるをえません。

　縦長の豪華絢爛なページ以外にも、「記事風の宣伝ページ」や「アンケート形式の宣伝ページ」も流行しましたが、いずれも衰退傾向にあります。これらはより潜在的なユーザの説得を狙っていますが、初回から定期購入に誘導するには、あまりにも遠すぎる人たちを相手にしています。「無料お試し」や「会員登録」であれば一定数取れるかもしれませんが、LTVで評価した時に生き残るものはきわめて稀でしょう。

「宣伝ページ」では、商品に興味を持って訪れたユーザを、いかにスムーズにゴールに導くかという「ファーストビュー」の設計が命です。「定期購入はすぐやめられる」というハードルを低く見せる工夫や、「今だけ30％オフ」のような背中を押す工夫をわかりやすく配置しなければなりません。ここの訴求は何度か検証して最適解を導くと良いでしょう。

「宣伝ページ」へのデジタルを活用した集客の手段は、BtoB商材などとそれほど変わりません。獲得効率の良い顕在ユーザから狙うため、検索エンジン周辺から集客します。自然検索での上位表示、有料検索への出稿、上位表示されるサイトへの広告掲載などが有効です。

　これで費用対効果が合うようなら、ディスプレイ広告や、ASPを通じた

アフィリエイト広告を打つと良いでしょう。

　マス広告を打つ場合は、商品名を検索してくる流入が大半を占める事は言うまでもありません。

継続購入フェーズ
──継続接触で定期引き上げ＆解約防止

　まず**初回購入フェーズで「定期購入契約」にいたっていない場合は、引き上げ施策が不可欠**です。電話、同梱物、メールマガジンなどで、定期購入をおすすめします。すぐに引き上がらない場合も、年金支給日や年末年始など、行動を起こすきっかけになるタイミングでメールマガジンを送付すると良いでしょう。

　また、定期購入契約したユーザでも、2回めの商品到着で解約するユーザが最も多くなります。元々気軽にお試ししただけのユーザは、注文せずに商品が届いたタイミングで解約にいたります。コールセンターの強い企業では、担当者が長時間の電話で悩みを聞いたり、手書きの葉書を送ったりすることで、解約を防止します。特に商品が2-3回届くまでの解約を防げれば継続確率は飛躍的に上がるため、ここに人的リソースをかける意思決定は有効でしょう。

　定期購入が安定したユーザには、メールマガジンや同梱物で、クロスセル商品をオススメします。一方で、あまり積極的に連絡しすぎると解約リスクも高まるため、対象顧客の選定はシビアになります。

図11-6 単品で定期購入を促すEC

DXアクセラレータの入力例

		日常生活	初回購入	継続購入
GOAL	目的		定期購入契約を獲得する	解約を防ぐ
	KPI		定期購入契約者数	チャーン率（解約率）
	目標		XXX人/月間	XXX%
USER	状態		テレビで見たサプリメントに興味がある	効いている実感はないけど、何となく飲み続けている
	理想の顧客接点フロー		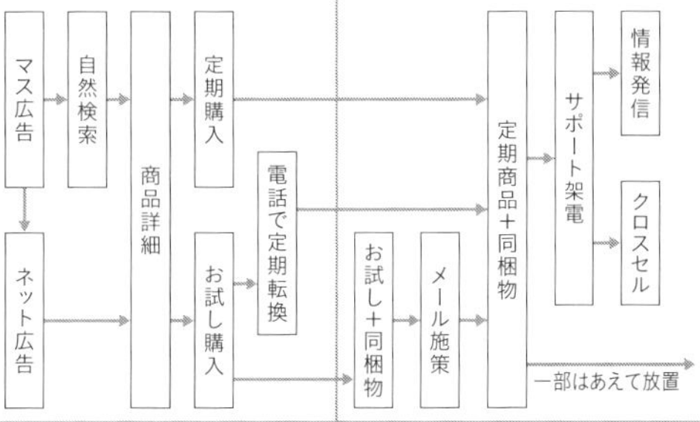	
ACTION	A1		✓ネット広告の運用 ✓商品詳細ページでゴール直行導線を改善（ゴール設計を含む）	✓ステップメール/同梱物などの引き上げ施策の改善
	A2		✓特になし	✓既存顧客向け情報発信の運用 ✓クロスセルシナリオの蓄積
	A3	×ストックにならない認知広告の出稿 ×ロゴ、デザイン、ブランドメッセージの刷新 ×LTVの低いインフルエンサーマーケティング/各種ランキング施策	×Webサイトの「デザイン」リニューアル ×過剰な宣伝ページの改善や、細かいABテストの実施 ×サイト構造を大幅に見直すSEO施策	×会員向けサイトの「デザイン」リニューアル ×過剰な引き上げシナリオの開発 ×アプリの開発

Chapter 12

【Web完結型】

その他の型

ブランドサイト

　この項目では、メーカーや商社が運営する「ブランドサイト」について解説します。自ら販売機能を持たず、小売店や販売代理店を通じて商品を売るため、デジタルでは商品紹介に特化した「ブランドサイト」が作られます。具体的には、「味の素」「パブロン」「ファブリーズ」「AQUOS」「ルンバ」などを紹介するWebサイトをイメージしてください。

　メーカーが直販するECサイトを立ち上げた場合、「ブランドサイト」と「直販ECサイト」が併存することになり、商品情報の二重管理で運用コストが肥大化します。この2つはどちらも、店舗での購買を促すカタログ機能を担います。「実店舗への送客を狙うEC」（244ページ）で解説した「売上0円でも良いECサイト」の役割です。「ブランドサイト」がEC並の情報量を持てるなら、直販ECサイトなど不要なケースも多いでしょう。

　しかし、ブランドサイトは、明確なゴールを定義されずに運営されていることがほとんどです。思考停止して、その名の通り「ブランディング」を目的にしているケースも散見されますが、先述の通りWebサイトに無難な情報を掲載しているだけで「ブランド」に影響を与えることは不可能です。ブランドに影響を与えるなら、企業姿勢そのものがとがっており、商品やコンテンツがとがっていなければなりません。Webサイトという責任範囲だけで「ブランディング」することはできません。

　本項目では、ブランドサイトの目的定義とともに、メーカーや商社がECサイト以外でデジタルを活用する理想形を解説します。

図12-1 ブランドサイト

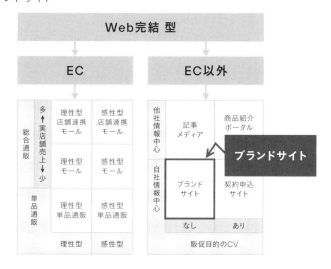

日常生活フェーズ
──キャンペーンでリード獲得して製品名を連呼

　日常生活フェーズでメーカーや商社の目指すべき**GOALは、先述したTVCMの代替**です。TVCMに最も出稿しているのはBtoC向けのメーカー企業です。デジタルを用いてコストカットすることは容易でしょう。

　すでに方法は解説済みのため簡単にだけ説明します。

　まず、**製品別に購入しうるターゲットユーザのリストを集めます**。最も効率的なリスト収集方法は、自社製品をプレゼントするキャンペーンを打つことです。ターゲットが狭く嗜好性の高い商材ほどこのキャンペーンは有効です。ターゲットが幅広い大衆消費財であれば、万人受けするプレゼントを用意してリストを集めるのでも良いでしょう。

　次に、**このリストに対して、「製品名」を連呼**します。メール、LINE、Twitterなど手法は問いませんが、コストをかけずユーザの目に触れる方法で通知します。例えばメールの場合、タイトルに製品名さえ入っていれば、本文は極論すると何でも構いません。

マス広告並のユーザ数にリーチできる会員基盤ができれば、大幅なコストカットができるでしょう。メーカー企業の中には、キャンペーンは実施しているものの、リストの管理が面倒なため、毎回個人情報を捨ててしまっているもったいない企業もあります。TVCMの延長としてキャンペーンを打っても何も残りません。**キャンペーンとは無料でいつでも接触できる「お客様の連絡先リストを作る」ための施策**であると、根本から目的認識を改めるべきです。

初回購入フェーズ
──商品を選ぶうえで、最も便利なサイトを作る

　GOALは、これまで小売店や販売代理店に任せてきた購買フェーズの顧客と、デジタルで直接接触し、初回購入をあと押しすることです。ブランドサイトの情報を拡充すれば、商品に関連する検索キーワードで上位に表示され、購買検討時のユーザに接触できます。

　しかし、ブランドサイトの情報が少なければ、比較サイトやECサイトに検索順位で負けてしまいます。その結果、他商品と比較されるようになり、目立つために比較サイトに広告を出す羽目になります。ブランドサイトの情報を拡充すれば、比較サイトやECサイトに行く人の数を減らせる可能性があるのです。

　現代は情報があふれているため、商品を購入するまでの情報収集はむしろ簡略化しています。みなさんにも、友人にオススメされた商品を、比較サイトや口コミサイトを見ずに買った経験があるでしょう？　商品名を検索して、ブランドサイトが一番に表示され、その中でわかりやすく商品が解説されていれば、比較サイトなど見ずに購入を決めてしまうことは十分ありえます。

　そのためには、**ブランドサイトは、お客さんが商品を選ぶうえで、最も便利でなければならない**のです。まず商品情報がどこよりも詳細かつリアルタイムでなければなりません。比較サイトやECサイトは、時々刻々と更新される商品のマイナーチェンジに即時対応できないため、この点で差別

化できます。

　当然ながら、詳細情報をただ並べれば良いというわけではありません。加えて**どこよりもわかりやすく説明する**ことが求められます。

　例えばスマートフォンのCPUがCore i3からCore i5にアップデートしたとして、それをそのまま記載しても普通の人には理解できません。用途の違い、体感値の違いなどで表現し、新旧どちらの商品を選べば良いか、懇切丁寧にナビゲートする必要があります。

　もちろん商材によっては、ブランドサイトの情報をいくら拡充しても、比較サイトやECサイトの影響力が強く、ブランドサイトだけで購入を意思決定させることが困難なケースもあります。理性的に選ぶ商品や、こだわりの小さい商品は、わざわざブランドサイトまで詳細情報を見に来てもらえないこともあるでしょう。

　しかし、それすらも「この商材は本来こだわりを持って選ぶべきものである」という啓発活動によって覆すことができます。

　例えば、ユニクロはこだわりの小さかった肌着業界で「ヒートテック」というこだわる理由を生み出しました。どのヒートテックがより保温性が高いか、その技術的背景は何かなど、すでにブランドサイトを見る理由は十分にあるでしょう。

　顧客に商品の詳細情報を伝えられれば、副次的に「販売員の代替」効果も期待できます。物があふれている時代に、様々な新商品を日々仕入れている実店舗では、販売員向けの情報収集に少なからず工数を割いています。特に嗜好性の高い商材ほど、顧客から専門性の高い質問を投げかけられます。

　もしブランドサイトの情報が充実していれば、顧客は自らデジタルで情報収集してくれます。嗜好性が高い商材であればあるほど、顧客は細かい部分までブランドサイトに目を通してくれるでしょう。結果的に実店舗側の情報収集工数を大幅に削減できます。直営店を持つメーカーや商社なら大幅なコストカットにつながるでしょう。

ブランドサイトは販売員への情報発信にも役立ちます。

48ページで紹介した「DVD-R」の事例はまさにこのパターンです。実店舗の販売員が、DVD-Rの違いに答えるためにWebサイトに訪れているなら、自社の強みを販売員に覚えてもらうチャンスがあるということです。

さらに、ECサイトや比較サイトは、ブランドサイトの情報をそのまま「商品詳細ページ」にコピーすることがあるため、ブランドサイトの情報が間接的に売上に貢献します。

ほかにも「専門媒体」「専門家・インフルエンサー」「まとめサイト」なども、ブランドサイトの情報を参考にします。自社サイトならではの詳細な商品情報を掲載し、さらに選んでもらうための強みを訴求していれば、外部サイトで選んでもらえる確率も上がるのです。

ブランドサイトの効果を測るには、アンケートが不可欠です。**日常生活フェーズで獲得した見込み顧客リストに「購入理由」を聞けば追加コストなくデータ収集が可能**です。購入までにブランドサイトを見たか？　ブランドサイトで見た情報があと押しになったか?などが明らかになれば、成果を証明できるでしょう。

また副次的に、専門家から広報部への問い合わせ件数が減る効果も期待できます。これもまたコストカット効果の1つとして、デジタルの成果に数えて良いでしょう。

ここまで述べた施策で効果を最大化するためには、やはり「ユーザ理解」が欠かせません。ユーザが初回購入時に接触する媒体は何で、そこでどのような情報を求め、何を訴求すれば選んでもらえるのかを明らかにしなければなりません。前述した通り、最低限「アンケート」と「行動観察」を定期的に行なうようにすべきです。

継続購入フェーズ
──コンテンツを増やしてコスト削減＆継続接触

　継続購入フェーズでは、まず購入後のサポートを効率化できます。お客様相談室やコールセンターのデジタル化は昔から行なわれており、コストカットが可能な領域です。基本的には、現状の問い合わせ履歴を集計し、質問回数が多いものから順にFAQコンテンツを作成するだけで良いでしょう。当然ですが、ここでもチャットボットなどの手段に飛びついてはなりません。まずは地道に有用なコンテンツ作りが必要です。

　加えてここまでにも出てきた通り「アンケート」の代替も可能です。従来は調査会社に依頼し、数百万円かかっていたアンケートが、顧客リストさえあれば無料で何回でも実施できます。これもデジタルによるコストカットの1つに数えるべきです。

　加えてほかのビジネスと同様に、顧客の生活時間に入れるように、有用なコンテンツを発信し続けることも有効です。

事業部をマネジメントし
コンテンツを集める仕事が最も尊い

　ここまで説明した通り、メーカーや商社の「デジタル担当」の最も重要な仕事は、どこよりも詳細な製品情報を集めて、デジタル上に公開することです。

　そのためには、商品を開発して販売する「事業部」から情報を集めなければなりません。しかし、「事業部」は小売店で売ることを前提に仕事していますので、必ずしも「デジタル担当」の情報収集に協力的であるとは限りません。こうした「事業部」をうまくマネジメントし、気持ちよくコンテンツを出させることが「デジタル担当」の最も重要な仕事になるのです。

　「事業部」の協力を得るには、「お客さんが困っている」という共通認識を与えることが最も有効です。ユーザ行動観察調査に参加してもらい、顧客がWebサイト上でどれだけ困っているかを実際に見てもらいましょう。

例えば、自動車にオプションで取り付けるパーツは、子会社で生産され
ていることが多く、通常は別サイトに行かなければ見られません。しかし
お客さんからすれば、目当ての自動車に取り付けられるパーツは、同じ商
品詳細ページ内で見たいはずです。別サイトのトップページに飛ばされ、
ゼロからオプション情報をチェックするような導線になっていれば迷ってし
まうでしょう。子会社の情報を載せるには、組織の壁だけでなく、利益供
与の問題も乗り越えなければなりませんが、それでもなおこだわる価値は
あるでしょう。

　このような生々しいユーザの苦しみを「事業部」に知ってもらい、組織
の壁を越えた素晴らしいコンテンツを作ることこそがデジタル担当の仕事な
のです。「事業部が協力してくれない」という言い訳は、職務放棄と言わ
ざるをえません。デジタル担当の仕事は、真新しいツールを使うことでも、
斬新なWebサイトやアプリを作ることでもなく、組織を調整してユーザ視点
のコンテンツを作ることなのです。

「事業部」が協力してくれないからと言って、「デジタル担当」が独自コン
テンツを作ることもありますが、これには一切意味がありません。**ユーザが
メーカー企業に求める情報は「商品情報」ただ1つ**だからです。「デジタ
ル担当」が作った、何となく響きの良い「ブランディングコンテンツ」は誰
にも求められていません。こうしたポエムを作り出さないようにするために
も、定期的なユーザ調査はおすすめです。

　コンテンツが増えれば、それだけ訪問数が増え、様々なマーケティング
機能を代替します。ブランドサイトの価値を大雑把に捉えるなら、コンテン
ツ量に比例する「訪問数」が最も重要でしょう。時系列での推移を確認し、
可能なら競合製品とも比較します。この指標にアンケート結果も組み合わ
せ、デジタルのコストカット効果を証明し、全社を巻き込んでコンテンツ制
作を推進していきましょう。

図12-2 ブランドサイト

美容家電 DX アクセラレータの入力例

		日常生活	初回購入	継続購入
GOAL	目的	美容家電なら「XXXXXX」という認知を得る	他社製品との比較に勝ち抜き、小売店やECで購入してもらう	継続接触により、アップセルや買い替えを促す
	KPI	潜在顧客リスト数	デジタル経由の接触者数&購入者数（要アンケート）	購入者リスト数&追加購入者数（要アンケート）
	目標	XXX人（XX年末までに）	XXX人/月間	XXX人/月間
USER	状態	美容家電は気にはなってはいるが、購入検討していない	美容家電を買おうと思っているが、どれにするか迷っている	買った美容家電が故障する/別の家電を買おうと探し始める
	理想の顧客接点フロー			

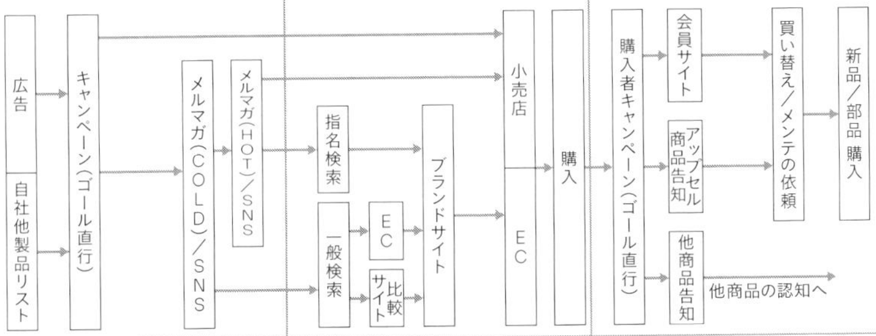

		日常生活	初回購入	継続購入
ACTION	A1	✓キャンペーン企画&応募ページの運用 ✓ディスプレイ広告を潜在顧客リスト獲得で最適化 ✓既存リスト向けメールマガジンでHOT度を管理	✓どこよりもくわしい製品情報をブランドサイトに掲載（小売店向け情報も充実） ✓購入検討中ユーザを検知し、購入をあと押しするオファーを配信	✓購入者リストを獲得するキャンペーン企画&応募ページの運用 ✓よくある質問のストック化
	A2	✓自社全商品の顧客リストを統合管理 ✓棚抑えのあと押しになる権威性を取得（各種ランキングなど）	✓他社運営のECや比較サイトの情報アップデートを促進	✓定期購入&アップセル狙い商品開発&告知 ✓既存顧客向け情報発信とニーズ検知の運用
	A3	×ストックにならない認知広告の出稿 ×企業が言いたいことだけを綴った自己満足ブログの運用 ×ロゴ、デザイン、ブランドメッセージの刷新	×Webサイトの「デザイン」リニューアル ×入口ページ以外の改善や、細かいABテストの実施 ×アトリビューション分析	×ユーザ仮説不在のデータ分析 ×顧客ニーズを把握する前にチャットボットを導入

記事メディア

　この項目で解説する「記事メディア」とは、ターゲットが求める情報を幅広く取材して発信するメディアサイトです。自社商品の販売・認知を目的としたオウンドメディアは含まず、メディア価値だけでマネタイズするビジネスについて解説します。

　記事メディアはマネタイズの難易度が高く、訪問数はそれなりに稼げるようになったが、どうやって売上を立てれば良いか悩む企業が少なくありません。記事作成のコストを考えれば、黒字が出ていないケースもザラにあります。

　メディアのマネタイズ方針は、「読者の課金」と「スポンサーの広告」の2つに分けられます。

　「読者の課金」は、有料会員や有料イベントなどを通じて売上を立てます。しかし、課金してでも読みたいと思ってもらえるようなメディアは非常に少なく、『日本経済新聞』のように相当なブランド力があるか、「競馬情報」のようにターゲットを絞り込みコンテンツを洗練しているかのいずれかになります。いずれにしても参入障壁は高いでしょう。

　「スポンサーの広告」は、広告の表示・クリック・成果報酬などによる従量課金や、記事広告の取材・掲載による単発課金などで売上を立てます。しかし、スポンサー側もデジタルを使えば自らメディアを作れる時代です。あえて記事メディアに広告を出すとすれば「価格が安い」という理由しかないため、広告単価は下がる一方です。未だに「ブランディング」効果があると信じて疑わず、出稿してくれるスポンサーもいるでしょうが、情報弱者を刈り取るビジネスはいつか終焉を迎えるはずです。

　本項目では、記事メディアが継続的にマネタイズするための方針を解説します。結論だけ言えば、**記事でファンを魅了し続けるほかありません。**

図12-3 記事メディア

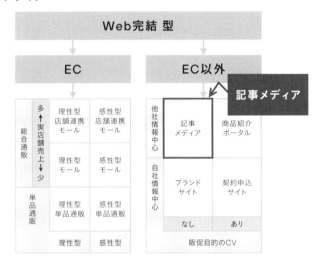

メディアの価値は優良顧客の数で決まる

「読者の課金」と「スポンサーの広告」のどちらにしても、マネタイズの成否は、そのメディアを心から好きだと思っている優良顧客の数で決まります。前者の「読者の課金」はわかりやすいでしょう。

「スポンサーの広告」でも、優良顧客ならばそのメディアが公正にオススメする商品を信じて購入してくれるでしょう。成果の出る広告ならば、広告の単価は上がりますし、買い叩かれることもなくなります。無策にGoogleの広告を置くといった広告収入に頼る必要はなくなるのです。

優良顧客でなくても、圧倒的な「人数」を集めれば「スポンサーの広告」としてマネタイズできるケースはあります。ただし、そのためには圧倒的な記事数が必要になるため、1つひとつ人間が書いていては間に合いません。テクノロジーで様々なWebサイトの情報をかき集めて整理したり、ユーザに投稿してもらって情報を増やしたり、悪く言えば「ズル」をする必要があります。「ズル」をすれば、記事品質のコントロールが難しくなるため、ブランドを気にする企業は、運営も出稿もできないことがほとんどでしょう。

あなたのメディアを心から好きだと思ってくれる優良顧客を作るには、特定企業に肩入れしない公正な立場で、圧倒的に品質の高い情報を発信し、ファンを魅了し続けるしかありません。そのためには、まず顧客のことを知らなければなりません。すでに頻繁に訪問してくれているユーザを理解することからスタートすべきです。

世の中には様々なメディアがあり、情報は氾濫しています。その中で顧客に選んでもらうためには、ターゲットユーザを絞り、発信するジャンルを絞り、その中でとがり抜けるしかないのです。

そのうえで優良顧客になってくれそうな人の市場規模を計算し、そこからの売上を試算してみるべきです。多くのメディアはこの試算の段階で採算が合わないことがわかります。世の中には、マネタイズを考えずに見切り発車で作られたメディアが無数にあります。マネタイズできずに数年後には閉鎖されるなんてことがないように、ターゲットユーザと目標を明確にしたうえで、スタートしたいものです。

具体的に優良顧客を増やす方法は、ECサイトに似ています。ここから簡単に解説します。EC同様に、日常生活フェーズは、初回購入フェーズと統合して考えれば問題ありません。

初回購入フェーズ
――一見さん向けの記事を開発し、顧客リスト獲得

記事メディアの場合、初回購入フェーズのGOALは「顧客リスト」の獲得です。「無料会員登録」「SNSフォロー」「アプリダウンロード」など手段は問いませんが、顧客と継続接触できる連絡手段を獲得します。

KPIはBtoBなどと同様に、接触可能なリスト獲得数とすべきでしょう。

まずは新規ユーザを集客する必要がありますが、ECで「商品開発」が重要であるように、記事メディアでは「記事開発」が最も重要です。記事は商品よりも簡単に作れますので、より高速でPDCAを回せます。

集客方法は、自然検索経由でもSNS経由でも構いません。ここで注意すべきは、**自社の情報発信ポリシーに固執しすぎない**ことです。記事メディアに古くから関わる人は、読者のニーズに迎合することなく、企業側が発信すべきだと信じる情報を届けるべきだと考えています。この考え方は非常に素晴らしいのですが、「顧客主導」のデジタルとは相容れません。

　デジタルはセルフサービスチャネルなので、顧客は自分の見たくない情報は完全に無視します。**新規に読者を集めたいのであれば、顧客のニーズにしっかりと応えていかなければなりません**。企業が伝えたい情報を発信するタイミングは、優良顧客になってくれたあとです。さもなければあなたのメディアに初めから共感している、ごくわずかな読者にしか届きません。

　新規に記事詳細に訪れたユーザの顧客リストを獲得する、最も一般的な方法は「鍵掛け」です。この記事を最後まで読みたいなら「会員登録」してくださいという施策です。ただし記事の出し惜しみは、自然検索での順位を下げるため、会員登録率の高い記事だけ「鍵掛け」するという運用が不可欠です。

　ほかにもBtoBビジネスと同様に、魅力的な「ホワイトペーパー」ダウンロードでも顧客リストを獲得できます。記事自体の魅力が高ければ、SNSフォローやアプリダウンロードへの誘導も可能でしょう。

　記事詳細では、ページ上部、文中、記事下直後から、積極的にゴールに誘導します。誘導の文脈はそろえたほうが良いですが、クリック率10％程度まではリンクを張った本数に比例して誘導率が高まります。

継続購入フェーズ
──LTVを高める記事開発と継続接触＆回遊強化

　まず**読者への有料課金をGOALにできないか検討すべき**です。優良顧客が多く、より質の高いコンテンツを用意できるなら可能性があります。

　有料課金への誘導方法はシンプルで、有料記事の鍵掛けが有効です。

どの記事に鍵を掛ければ有料購読につながりやすいかはPDCAを回すと良いでしょう。

「スポンサーの広告」でマネタイズする場合、継続購入フェーズでは、優良顧客の維持がゴール（GOAL）になります。これは有料課金した場合でも、解約率を下げるために必要なことです。

　リストを獲得した顧客のうち、その後も継続的に訪問してくれている数を増やします。優良顧客の月間訪問頻度を定めて「アクティブユーザ数」を計測する方法が一般的です。さらに集客力のある記事や、アクティブ化を促せた記事を評価し、記事の執筆方針を洗練していくのです。

　このPDCAを追求すればするほど、当然のことながら大衆迎合的な記事が増えていきます。隣国を過剰に批判する記事や、下世話なゴシップ記事ばかりが評価されることもあるでしょう。しかし、これでは記事メディアとして本来成し遂げたいコンセプトとは乖離してしまいます。ここまで来てようやく「ジャーナリズム」を発揮し、運用ポリシーを定めるべきなのです。

集客力のある記事を書き、顧客リストに定期的な通知をしていれば、優良顧客を維持する基盤はできたと言えます。さらに追加でやるべきことは、**記事内の回遊性向上**です。一度訪問したユーザに、できる限りたくさんの記事を読んでもらえれば、それだけ顧客の生活時間に入り込むことができ、解約率を下げられます。

　関連記事へのリンクを文中に1つひとつ差し込んでいく施策によって回遊率は向上します。しかし文脈の近い面白い記事を見つけてリンクを張る作業は手間がかかります。

最も簡単に回遊率を上げる方法は、記事の文末直下に「関連記事一覧」へのリンクを張ることです。例えば、新型コロナウィルスの記事詳細であれば、その文末直下に「新型コロナウィルスの最新情報一覧」というリンクを張ります。関連性の高いリンクはクリックされやすいうえ、遷移先の一覧には多数の記事が表示されるため、個別記事に遷移させるよりも多数の記事に回遊しやすくなります。

図12-4 記事メディア

DXアクセラレータの入力例

		日常生活	初回購入	継続購入
GOAL	目的		たまに訪問してくれる人の読者情報を獲得する	読者の訪問頻度を高め、有料契約につなげる
	KPI		新規会員登録数（＆可能なら有料契約数）	有料契約数（＆有料/無料会員のアクティブ率）
	目標		XXX人/月間	XXX人/月間
USER	状態		気になる記事があれば読む（どのサイトの記事かは興味がない）	定期的に訪れており、有益な情報が多いと意識し始めている
	理想の顧客接点フロー		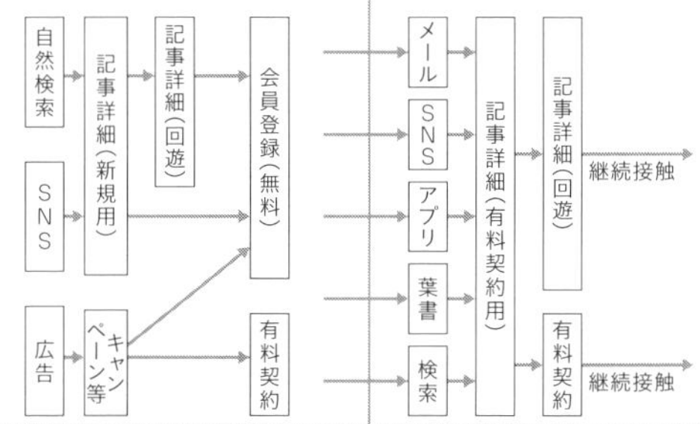 自然検索 → 記事詳細（新規用） → 記事詳細（回遊） → 会員登録（無料） SNS → 記事詳細（新規用） 広告 → キャンペーン等 → 有料契約 → メール／SNS／アプリ／葉書／検索 → 記事詳細（有料契約用） → 記事詳細（回遊） → 継続接触 → 有料契約 → 継続接触	
ACTION	A1		✓SEO/SNSを狙った新規獲得狙い記事開発＆運用 ✓広告から有料契約の獲得	✓有料契約狙いの記事開発＆運用 ✓メールマガジン等通知頻度増強 ✓回遊性を高める導線整備
	A2		✓記事回遊〜会員登録導線の最適化 ✓SNSアカウントの育成	✓ファン向けアプリの開発 ✓リコメンドシナリオの蓄積
	A3	×ストックにならない認知広告の出稿 ×ロゴ、デザイン、ブランドメッセージの刷新	×Webサイトの「デザイン」リニューアル ×主要導線以外の改善や、細かいABテストの実施 ×サイト構造を大幅に見直すSEO施策	×有料契約を意識せず、惰性で企画される特集記事 ×万人受けを狙ったアプリ開発

商品紹介ポータル・
契約申込サイト

「商品紹介ポータル」とは、様々な企業の商材を比較・紹介するサイトです。商品紹介ポータル内で問い合わせや予約までできるサイトもあれば、紹介先のサイトに送客するだけのサイトもあります。飲食店比較、病院比較、製品価格比較など、様々な分野に商品紹介ポータルは存在します。

　商品紹介ポータルで成果を出すには、送客先の型を学ぶ必要があります。例えば、BtoBソリューションの比較サイトなら、BtoBの営業担当につなぐビジネスの型を学びます。

　まずは紹介先が求める「リード（見込み客）」の質を見極めましょう。「一括資料請求」機能を作れば、リードの数は増えますが、質が大幅に落ちるため、紹介先から広告掲載を打ち切られてしまう恐れがあります。逆に、紹介先によっては、強靭な営業部隊を持っており、リードの質よりも数を優先したいケースもあるでしょう。

　次にユーザの選定行動を理解します。理性的に選ぶ商品なら、選択肢を減らして序列を明確にすべきです。一方で感性的に選ぶ商品なら、選択肢を増やして回遊性を高めるべきです。

　商品紹介ポータルの型は、基本的にはECサイトの型と類似するため、詳細な解説は省きます。商品の紹介点数、解説、口コミを増やすことで、集客数が増えていきます。再訪頻度が高い商材なら、リピーター化に投資します。商品紹介ポータル内で問い合わせしてもらうために、キャンペーンなどそのサイト経由で問い合わすメリットを訴求します。また長期的に繁栄するためには、第三者視点での公平なスタンスを失ってはなりません。

　「契約申込サイト」とは、デジタル完結で申し込み可能なWebサイトです。プロバイダ、クレジットカード、カードローン、FXなどが該当します。

図12-5　契約申込サイト

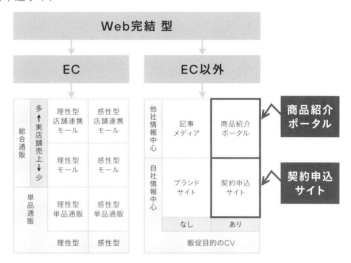

BtoBで営業につなぐビジネスとほとんど同じ施策が有効なため、詳細な解説は割愛します。唯一異なる点は、デジタルで完結するため「CVポイント」を動かせないことです。しかし、BtoBではこの「CVポイント」を変更することこそが、最大の改善点でした。実はこの契約申込サイトでも、デジタル完結であるというこだわりを捨て、営業担当につないでも良いという意思決定をした瞬間に、大幅な改善を見込めることがあります。営業担当につないだ瞬間に、「契約申込サイト」ではなくなりますが、契約率やLTVまで見通せば、人件費をかけたほうが良いケースもあるでしょう。

デジタル完結にこだわる場合、最も改善幅が大きいのは「フォーム」です。デジタル完結で契約を締結させるため、必要な入力項目は多くなり、フォームも複雑化します。特に難しいのが「プラン選択」です。複数のプランがある場合に、ユーザが選びきれず離脱したり、誤ったプランを選択してしまったりすることがあります。理性型のECサイトと同様に、可能な限り選択肢を減らし、優先度を明確につけるべきです。

本当に大切な仕事は何か？
——おわりに

　私は「物を捨てる」のが好きです。普通の人ならなかなか捨てられない「10万円くらいした家電」「母からもらったプレゼント」「大好きだった懐かしい本」など、直近使っておらず今後も使う予定がないものは即座に捨てます。物を捨てることで、無意識にでも向き合わなければならなかった変数が少し減り、自分が研ぎ澄まされていく感覚が好きなのです。

　マーケティングにおけるデジタル活用という仕事は、語弊を恐れずに言えば「ゴミ」屋敷に突入する特殊清掃員のような仕事です。
　まず、デジタルに置き換えられるマス広告や人的営業は、これまで見て見ぬふりされてきた非効率な仕事です。デジタルの仕事でも、局所最適化、自己満足、重箱の隅をつつく仕事が蔓延しており、成果につながらない仕事の山が築かれています。

　もちろん私が非効率だと一蹴する仕事に、熱心に向き合っている人達もいます。たとえビジネスへの影響が微々たるものでも、彼ら自身がその仕事に誇りを持ち、シアワセを感じているなら、私の出る幕はないでしょう。しかし、そんな人達も薄々自分達の仕事が役に立てていないと感じています。人間は自分の仕事の価値を実感したいものです。特に日本人は真面目で誠実な仕事をしたい人が多いように感じます。自分の仕事が間違った方向に邁進していることに気づいたまま、それを心から許せるはずがないのです。
　しかし、複雑な仕事の中で、無駄な仕事だけを見つけるのはなかなかに難しい作業です。複雑なものを複雑なまま解説するような書籍を読んでも、わかった気になるだけで何も実践できません。むしろ、やらなければ

いけない仕事が増えてしまい、有限である時間を浪費してしまいます。

　本書は、あえて複雑なことを切り捨て、本当に何が大切なのかということだけに絞って書きました。「言い切りすぎだ」「細かいことを端折りすぎだ」という反論はむしろ大歓迎です。このくらいシンプルに切り捨てなければ、大切でない仕事があふれかえり、人生の大切な時間を奪われてしまうのです。

　マーケティングにおけるデジタル活用という狭い領域ではありますが、本書を読んだ方にとって、本当に大切な仕事は何かを見つめ直すきっかけになり、人生の大切な時間のうち、少しでも自分が納得できる仕事に熱中できるようになれば幸いです。

　さらに本書が経営者や事業責任者に届き、企業のDX（デジタル・トランスフォーメーション）が進むことも願っています。

　マーケティングにおけるDXとは、デジタルのコストパフォーマンスの良さで古臭いマーケティング手段を置換することです。DXを推進するために、デジタル知識や最新技術はほとんど必要なく、「古臭いマーケティング手段を捨て去る」という意思決定者の強い覚悟がすべてと言っても過言ではありません。

　経営者や事業責任者が知るべきデジタルの知識は、本書を読めば十分でしょう。あとは覚悟して大なたを振るうだけです。権限をほとんど持たない「DX専門部署」を立ち上げて、お茶濁しの号令だけで見て見ぬ振りするようなDXごっこで企業は変われません。今すぐ始めなければ、デジタルを上手く活用した新興企業や競合企業に負けてしまうのも時間の問題でしょう。

　最後に本書を執筆するにあたり、アドバイスいただいた方に御礼申し上げます。特に、渡辺春樹さんにはデジタル活用全般の知見を、石川森生さんには幅広いECの知見をご指導いただきました。本当にありがとうございました。

　本書執筆を最初から最後までサポートしてくださった日本実業出版社の

前川健輔さんと、その前川さんを紹介くださった株式会社ビービット取締役の武井由紀子さんにも心より感謝しております。本当にありがとうございました。

　また原稿段階でフィードバックいただいたみなさまには、各専門領域で細かい部分までご指摘くださり、私自身大変勉強になりました。彼らのアドバイスなくしてこの本は完成しませんでした。お名前だけですが、ご紹介させていただきます（五十音順）。石川森生さん、栗原康太さん（株式会社才流 代表取締役社長）、黒澤友貴さん（ブランディングテクノロジー株式会社 執行役員CMO）、枌谷力さん（株式会社ベイジ 代表）、長谷川智史さん（ソウルドアウト株式会社 上席執行役員）、まこりーぬさん、宮坂祐さん（ビービット執行役員/宮坂祐事務所代表）、若林靖永さん、渡辺春樹さん、本当にありがとうございました。

　そして、何より最後まで読んでくださった読者のみなさまにお礼を申し上げます。本書がみなさまの有意義な仕事の一助になることを祈っています。

垣内勇威（かきうち　ゆうい）
株式会社WACUL（ワカル）取締役CIO、WACULテクノロジー
&マーケティングラボ所長。
東京大学経済学部卒業後、株式会社ビービット入社。大手クライ
アントのWeb改善コンサルティングに携わる。2013年、株式会
社WACUL入社。データ分析から改善提案や成果の測定といっ
た「Webマーケティングの売上拡大のPDCA」をAIが支援する
SaaSツール『AIアナリスト』を生み出す。現在は取締役CIO
（Chief Incubation Officer）兼WACULテクノロジー&マーケテ
ィングラボ所長として、さらなるノウハウの構築と新規プロダ
クトの創出を担当。3万サイト超の分析とユーザ行動観察から得
たデジタルマーケティングの知見を、研究レポートやTwitter、
講演・セミナーなどで発信し、その痛快かつ明快な語り口で人気
を博す。

株式会社WACUL　https://wacul.co.jp/
Twitter https://twitter.com/yuikakiuchi

デジタルマーケティングの定石

なぜマーケターは「成果の出ない施策」を繰り返すのか？

2020年 9 月10日　初 版 発 行
2024年 2 月10日　第 9 刷発行

著　者　垣内勇威 ©Y.Kakiuchi 2020
発行者　杉本淳一

発行所　株式会社日本実業出版社　東京都新宿区市谷本村町3−29 〒162-0845
　　　　編集部 ☎03−3268−5651
　　　　営業部 ☎03−3268−5161　振 替　00170−1−25349
　　　　　　　　　　　　　　　　　　https://www.njg.co.jp/

印 刷／厚 徳 社　　製 本／若林製本

ISBN 978-4-534-05802-7　Printed in JAPAN

読みやすくて・わかりやすい日本実業出版社の本

BtoBマーケティングの定石
なぜ営業とマーケは衝突するのか？

垣内勇威
定価2420円（税込）

ベストセラー『デジタルマーケティング
の定石』著者の第2作。成果を生み出す
「戦術の定石」、実行の土台となる「組織・
戦略の定石」を徹底解説。「実行に移せ
ない組織」に革命を起こす1冊。

「それ、根拠あるの？」と言わせない
データ・統計分析ができる本

柏木吉基
定価1760円（税込）

データ集めからリスクや収益性の見積り、
プレゼン資料作成までのストーリーを通
し、仕事でデータ・統計分析を使いこな
す方法を紹介。日産OBで実務に精通す
る著者による、現場の「コツ」が満載。

売上につながる
「顧客ロイヤルティ戦略」入門

遠藤直紀＋武井由紀子
定価1980円（税込）

なぜ顧客満足は「お題目」で終わるのか？
顧客の行動心理を定量・定性データで分
析し、顧客満足が売上に直結するアクシ
ョンを導く方法論を徹底解説。経営を変
革する時の羅針盤となる一冊。

起業のファイナンス　増補改訂版
ベンチャーにとって一番大切なこと

磯崎哲也
定価2530円（税込）

事業計画、資本政策、企業価値などの基
本からベンチャーのガバナンスなどまで、
押さえておくべき情報が満載。起業家は
もちろん、起業家をサポートする人も絶
賛する"起業家のバイブル"の増補改訂版。

定価変更の場合はご了承ください。